LA
CUCHARA DE
CHOCOLATE

LA CUCHARA DE CHOCOLATE

REPOSTERÍA ITALIANA DE LA CUCHARA DE PLATA

PRÓLOGO

La cuchara de plata se publicó por primera vez en italiano en 1950 y enseguida se convirtió en uno de los libros de cocina italiana más relevantes de todos los tiempos. Considerado por muchos como la biblia de la auténtica cocina italiana, se han vendido más de tres millones de ejemplares en Italia y se ha traducido a dieciséis idiomas.

Desde entonces se ha ido actualizando para mantenerse al día de la evolución de la gastronomía italiana y ha sabido reforzar su posición como referente indiscutible para los amantes de la buena mesa. Los últimos veinte años, los contenidos que han ido apareciendo en las redes sociales y *online* han suscitado un enorme interés.

Los autores de *La cuchara de plata* nos proponen ahora explorar uno de los ingredientes que más pasiones despiertan en todo el mundo: el chocolate. A lo largo de estas páginas descubriremos el largo viaje que el llamado «alimento de los dioses» recorre hasta llegar a nuestras mesas y obtendremos toda la información que necesitamos antes de ponernos manos a la obra.

Adecuado para todos los niveles, los capítulos que siguen a continuación incluyen tanto recetas básicas para principiantes como otras más complejas e innovadoras para los pasteleros experimentados. Siga las indicaciones paso a paso y aprenderá a dominar todas las técnicas necesarias para realizar las 100 recetas diseñadas exclusivamente para este libro, desde sencillos dulces para el día a día hasta espectaculares tartas para las ocasiones especiales.

Las recetas de este libro, que utilizan diferentes tipos de chocolate, servirán de inspiración incluso a los más exigentes y les permitirán probar suerte con la elaboración de postres complejos y bombones de sabor sorprendente.

La cuchara de chocolate pretende ser una guía de referencia exhaustiva y, como tal, se debería tener a mano como fuente de erudición e inspiración. Las innumerables fotografías que contiene muestran, además, la delicada belleza de un ingrediente que jamás dejará de deleitarnos.

INTRODUCCIÓN

Aunque durante muchos siglos el chocolate, negro o blanco, con leche o rosa, aromático o especiado, fue una bebida reservada a la nobleza, cuando se empezó a fabricar en forma de tableta se popularizó y se convirtió en un producto al alcance de todos. Hoy en día se ha convertido en la materia prima preferida de las pastelerías y los hogares del mundo entero, donde es el ingrediente estrella de tartas, *mousses* y bombones.

El libro comienza con un repaso histórico que relata el viaje que realizaron los granos de cacao desde las tierras de los aztecas hasta Europa y el resto del planeta para pasar a explicar cómo se procesan y transforman en chocolate refinado. De esta forma dispondrá de toda la información necesaria para reconocer un producto de calidad.

Incluso si no tiene mucha experiencia en la materia, la amplia sección dedicada al dominio de las técnicas básicas le permitirá ponerse manos a la obra rápidamente. Cada receta va acompañada de instrucciones claras y fotografías que ilustran los pasos clave de cada técnica. El éxito al preparar recetas sencillas o elaboradas, crear formas huecas o sólidas y trabajar con decoraciones y glaseados está garantizado. Empezaremos por atemperar el chocolate, una tarea delicada pero esencial para obtener un producto brillante y maleable. Después le mostraremos cómo hacer bombones y decoraciones tridimensionales; los pasos para crear rizos, virutas y tejas le proporcionarán ideas para que, hasta el pastel más sencillo, tenga un aspecto espectacular. Por último, encontrará indicaciones detalladas para hacer *mousses*, cremas y *ganaches*, una serie de elaboraciones básicas que se utilizan en muchos postres.

Las 100 recetas recopiladas en estas páginas abarcan desde sencillos postres de diario, como tartas, galletas y pastelitos, hasta creaciones más elaboradas, tan gratificantes de hacer como sorprendentes. Es el caso, por ejemplo, de la Corona de profiteroles con crema y crujiente de avellanas (véase pág. 134) o los *Cannoli* de canela con *ganache* y granos de cacao (véase pág. 152). A los bombones les hemos dedicado un capítulo entero, los más entusiastas lo agradecerán. También encontrará postres que se pueden degustar con una cuchara o que asociamos con el verano: desde un simple helado, al semifrío más complejo. El libro termina con algunas bebidas de chocolate, como el clásico Chocolate vienés (véase pág. 300) y el Chocolate con leche al oporto (véase pág. 308), perfectos para los días fríos de invierno.

En esta obra todo el mundo encontrará la receta perfecta para cada ocasión y podrá probar combinaciones de sabores y aromas nuevos que demostrarán la incomparable y deliciosa complejidad del chocolate.

LISTADO DE SÍMBOLOS

SIN GLUTEN
SIN LACTOSA
VEGANO
VEGETARIANO
5 INGREDIENTES O MENOS
30 MINUTOS O MENOS
TIEMPO DE PREPARACIÓN
TIEMPO DE COCCIÓN EN EL FUEGO
TIEMPO DE COCCIÓN EN EL HORNO
TIEMPO DE REPOSO
TIEMPO DE CONSERVACIÓN EN EL FRIGORÍFICO
TIEMPO DE CONSERVACIÓN EN EL CONGELADOR

CONOCER EL CHOCOLATE

BREVE HISTORIA DEL CHOCOLATE

El largo viaje del «alimento de los dioses»

ENTRE LA DIVINIDAD Y EL PECADO

Desde la noche de los tiempos, las civilizaciones precolombinas de América Central le atribuyeron un significado religioso al cacao. De hecho, Quetzalcóatl, una de las deidades más importantes de los aztecas, era también el dios del cacao. Como siempre se había considerado un alimento vigorizante con cualidades afrodisíacas, no es de extrañar que este «oro pardo» adquiriera connotaciones lujuriosas y pecaminosas en épocas posteriores. El marqués de Sade llegó a decir que era «tan negro como el culo del diablo».

El calificativo de «alimento de los dioses» procede del nombre científico que Linneo atribuyó al árbol del cacao en 1737, *Theobroma cacao*, compuesto por las palabras griegas *theos* (dios) y *broma* (alimento).

Su descubrimiento, o su primer cultivo, para ser más precisos, se remonta a las civilizaciones precolombinas de América Central que se asentaron en las llanuras costeras del golfo de México antes de la conquista española, en particular a los olmecas (1550-400 a. C.), seguidos de los mayas, los toltecas y los aztecas.

UN FRUTO ENERGÉTICO Y VALIOSO

Inicialmente, en la época de los olmecas, los agricultores molían los granos de cacao y les añadían agua para elaborar una bebida rica en proteínas. Durante la civilización maya (250 a. C.-900 d. C.), el cultivo y el uso del cacao se extendieron y dieron lugar a bebidas más complejas, a las que agregaban harina de maíz y otros ingredientes. Con la llegada de los aztecas en el siglo XIII, el cultivo del cacao siguió aumentando y su uso llegó hasta las tierras bajas de la costa del Pacífico, al sur de la península de Yucatán.

Durante esa época, los granos o habas de cacao se convirtieron en una valiosa mercancía y sirvieron tanto de moneda de cambio como de símbolo de riqueza para los nobles, que empezaron a atesorar grandes reservas. Cuenta la leyenda que el príncipe Moctezuma bebía diariamente muchas tazas de cacao por sus supuestas propiedades afrodisíacas. Para prepararlo, le añadía pimienta, guindillas y vainilla. A veces, incluso, extracto de agave o miel silvestre, aunque no llegaba a perder su inconfundible sabor amargo, y siempre se servía con su característica espuma blanca. No fue hasta la conquista de los españoles, que llevaron el azúcar de caña desde el Caribe hasta México, cuando se le dio ese toque dulce y reconfortante tan distintivo que garantizaría su éxito más allá de los confines de América.

LA DIFUSIÓN DEL CACAO

Los primeros granos de cacao llegaron a España, a la corte real de Madrid, con Cristóbal Colón, aunque pasaría algún tiempo antes de que se apreciaran realmente sus cualidades. Su primer admirador fue el explorador y conquistador Hernán Cortés, que desembarcó en el actual México en 1519 y sometió sin escrúpulos y con gran brutalidad a los pueblos indígenas. El comercio de esta preciada materia prima se intensificó durante la segunda mitad del siglo XVI con el envío regular de cargamentos desde Veracruz hasta el puerto de Sevilla y así fue como se empezó a consumir y aclamar en la corte española por el rey Carlos I de España y V de Alemania y posteriormente por Felipe II y Felipe III. El cacao también se extendió hasta Francia con el matrimonio de la princesa Ana de Austria, hija de Felipe III, con Luis XIII el Justo. La corte francesa enseguida apreció el néctar de cacao y, bajo Luis XIV, se hizo muy popular en los banquetes del palacio de Versalles.

Su propagación hasta Italia fue más lenta, lo que se pudo deber en gran medida a la fragmentación geopolítica del país. Sabemos que llegó pronto a Sicilia, bajo mandato español, en concreto a las regiones de Módica y Ragusa, dando lugar a una boyante producción artesanal local que perdura hasta nuestros días. Entre los primeros que lo apreciaron figura la casa de Saboya, que mantenía lazos muy estrechos con la corte española en el siglo XVI tras el matrimonio, el año 1585, de Carlos Manuel I con Catalina de Austria, hija de Felipe II. No es de extrañar, pues, que Turín y el Piamonte se convirtieran más tarde en el centro neurálgico del chocolate italiano, el lugar donde se establecieron los primeros maestros chocolateros y se crearon los primeros talleres artesanales para procesar la materia prima que llegaba de las colonias europeas, al tiempo que exportaban sus productos a países como Alemania, Austria y Suiza.

También le costó más tiempo ganarse el corazón de los británicos, llegando primero a los cafés de Londres y fundándose después chocolaterías durante la segunda mitad del siglo XVII.

EXCELENCIA CHOCOLATERA ARTESANAL

En Sicilia todavía se puede encontrar en la actualidad un ejemplo de una chocolatería artesanal.

La producción de chocolate en la ciudad de Módica sigue el mismo proceso que en el siglo XVI, cuando se encontraba bajo dominio español.

Los chocolateros locales muelen los granos de cacao a mano sobre una piedra volcánica de forma cóncava, muy similar a los metates aztecas, que se calienta. Hoy en día, sin embargo, cada vez son más los que utilizan maquinaria diseñada para ello.

No se refina, por lo que el resultado es un chocolate de textura granulosa y desmenuzable.

UNA PASIÓN IRRESISTIBLE

El cacao adquirió una enorme popularidad durante todo el Siglo de las Luces y el siglo XIX. Su exquisito sabor fue elogiado por poetas e intelectuales. Giuseppe Parini lo incluyó, por ejemplo, como parte de la rutina matutina de su protagonista, *il giovin signore* (el joven señor), en el poema *El día*, en 1763. Carlo Goldoni, por su parte, menciona a menudo el *cioccolatte*, una deliciosa bebida caliente que revitaliza el alma. Más allá de las fronteras italianas, la literatura rindió repetidos homenajes al «oro pardo», desde Goethe a Charles Dickens, pasando por Gustave Flaubert y Guy de Maupassant.

UNA EVOLUCIÓN TÉCNICA E INDUSTRIAL

Turín fue uno de los centros neurálgicos del desarrollo del arte del chocolate. La fábrica de Paul Caffarel contaba con una máquina para la producción de chocolate que molía los granos de cacao mediante un proceso muy similar al de las prensas de aceitunas. La creación de los *gianduiotto*, unos bombones envueltos de manera individual con papel dorado que contienen principalmente *gianduja*, se remonta a 1865, cuando la tortuosa unificación italiana, conocida como el Risorgimento, provocó la disminución de los suministros de cacao. Caffarel decidió sustituir parte del cacao por avellanas, que se cultivaban en abundancia en el Piamonte.

Fue allí donde un joven suizo aprendió el arte de la chocolatería. Se llamaba François-Louis Cailler y llegaría a abrir su propia fábrica de chocolate a orillas del lago Leman, en Ginebra, más o menos en la época en la que el chocolatero neerlandés Conrad Van Houten perfeccionaba el proceso de separación de la manteca de cacao de la pasta.

El motor del desarrollo de la industria chocolatera se trasladó también al mundo anglosajón y, en 1849, el inglés Joseph Storrs Fry, hijo de un magnate del papel que adoraba el chocolate, produjo la primera tableta.

En 1875, tras numerosos experimentos, el suizo Daniel Peter fue el primero en utilizar la leche condensada, inventada por Henri Nestlé, para crear el chocolate con leche, mientras que a Rudolf Lindt se le atribuye en 1879 la invención de la máquina de conchado, que perfeccionó el proceso industrial para refinar el chocolate y proporcionarle una textura suave y aterciopelada.

LA WILLY WONKA CANDY COMPANY

La historia de esta marca es muy interesante. Fundada en sus orígenes como Breaker Confections, su nombre se cambió en honor del protagonista de la famosa novela infantil *Charlie y la fábrica de chocolate*, de Roald Dahl. La versión cinematográfica del libro, dirigida por Tim Burton en 2005 y protagonizada por Johnny Depp, que encarna al malhumorado Willy Wonka, es inolvidable. Sin embargo, la primera adaptación cinematográfica de esta historia se remonta a 1971. Su éxito elevó el perfil de los productos de la compañía hasta tal punto que Breaker Confections decidió cambiar de nombre en 1980 y pasó a llamarse Willy Wonka Candy Company. En 1988 la compró Nestlé. En la actualidad, la marca Wonka forma parte del grupo Ferrero, que la adquirió en 2018. En 2023 se produjo una nueva adaptación cinematográfica del libro, lo que demuestra la longevidad de la obra de Roald Dahl.

Al otro lado del Atlántico, en Pensilvania, Milton Hershey fundó su primera fábrica de chocolate en 1894 y sentó las bases de un imperio que perdura hasta nuestros días y cuyo éxito mundial lo encarnan sus famosos *Kisses* (besos), unos inconfundibles bombones con forma de lágrima que se crearon en 1907. Estados Unidos pasó a engrosar las filas de los mayores importadores de cacao y productores de chocolate, hasta el punto de que en 1925 se creó la New York Cocoa Exchange (Bolsa de Cacao de Nueva York) para controlar el precio de las materias primas del chocolate.

Hoy en día, junto con el café y el azúcar, es uno de los productos primarios más importantes del comercio mundial. Su precio lo fijan las principales bolsas de valores, como las de Londres y Nueva York, y suele estar sujeto a grandes fluctuaciones, pues depende de las cosechas anuales y de la actividad especulativa, pero, sobre todo, de la calidad de la materia prima. El cacao fino de aroma se comercializa a un precio mucho mayor que el ordinario o común, que se vende a granel.

EL ÁRBOL DEL CACAO Y SUS FRUTOS

En busca de un cacao de calidad superior

EL CHOCOLATE DE COMERCIO JUSTO

El Comercio Justo se creó para garantizar que una parte de los beneficios obtenidos con la venta del cacao, que en su mayor parte acaba en los países occidentales, se distribuya de forma más equitativa. Este movimiento reúne a varias organizaciones encargadas de asegurarse de que la red de agricultores y trabajadores que producen cacao en los países en vías de desarrollo tiene una remuneración adecuada y unas condiciones de trabajo dignas.

Como hemos visto, el *Theobroma cacao* es una planta muy antigua: los primeros ejemplares de que se tiene constancia se remontan a unos 12 000 años antes de Cristo. Dadas sus características, solo crece en climas tropicales, es decir, en países situados en una zona 20 grados al norte y al sur del ecuador. De hecho, requiere temperaturas que no desciendan por debajo de los 15 °C, pero puede soportar temperaturas muy altas, siempre que tenga la humedad adecuada. Los países en los que se cultiva presentan abundantes precipitaciones durante todo el año y unas tasas de humedad del 70-100%. Sin embargo, es una especie delicada que no soporta la exposición directa a la luz solar y solo crece en altitudes bajas, de hasta 700 metros sobre el nivel del mar. Prospera, por lo tanto, a la sombra de árboles más altos que le proporcionan cobijo, como los cocoteros y los plátanos.

Hoy en día se cultiva en más de 50 países de todo el mundo, aunque la mayor parte de la producción se ha desplazado a África, continente que suministra más del 70% del cacao mundial, destacando el cultivo intensivo en Costa de Marfil y Ghana. Brasil, Ecuador y Perú son los principales productores latinoamericanos, junto con Colombia, México y Venezuela. En Asia y Oceanía se cultiva en Indonesia y Papúa Nueva Guinea.

LAS FAMILIAS DEL CACAO

El árbol del cacao se divide en dos subespecies, *Theobroma cacao cacao* y *Theobroma cacao spherocarpa*, de las que descienden las dos principales familias de cacao, el criollo y el forastero, respectivamente. Cada subespecie cuenta, a su vez, con distintas variedades.

El árbol del cacao criollo es el que menos ha cambiado desde sus orígenes y el que produce un cacao de mayor calidad. Sus granos (o habas, como se conocen también sus semillas) tienen propiedades organolépticas que resultan en un cacao aromático, de matices sutiles, muy apreciado. Pero es un árbol sumamente delicado y difícil de cultivar, por lo que se le dedican muy pocas tierras (representa alrededor del 1% de la producción mundial). Sus frutos son muy caros, de ahí que solo se utilice para el chocolate de gama alta.

El árbol del cacao forastero, en cambio, es el más cultivado en el mundo (representa alrededor del 90% de la producción total). Su fuerte resistencia a las plagas y las enfermedades hace que su cultivo resulte más sencillo, aunque sus granos, de color púrpura, producen un cacao amargo y fuerte de menor calidad y coste. Se utiliza para elaborar la mayoría de las tabletas de chocolate, pero también para hacer cacao en polvo y muchos productos industriales, como las galletas.

La hibridación de estas dos familias dio lugar al cacao trinitario, una variedad que se plantó por primera vez a principios del siglo XVIII en la isla caribeña de Trinidad. Las plantaciones de árboles trinitarios suponen el 8% de la producción total de cacao y sus habas se consideran de gran calidad. El criollo, el trinitario y las variedades arriba y esmeralda del cacao forastero cultivadas en Ecuador pertenecen a la categoría de los cacaos finos de aroma, los de mayor calidad.

DE LA VAINA AL CACAO

El preciado cacao se obtiene del fruto del árbol, la vaina o baya (denominada mazorca o maraca), que tiene una forma ovalada similar a un balón pequeño de rugby y una piel rugosa, con estrías que recorren toda su longitud. En el interior de las vainas, los granos de cacao están envueltos por una pulpa blanca llamada mucílago. Recién recolectados, tienen un color blanco o rosado-violáceo y son blandos y esponjosos. Su amargor no se parece en nada al sabor del cacao que se desarrollará durante la fermentación.

Al igual que ocurre con la uva durante la elaboración del vino, la fermentación es una etapa clave que influye en la calidad del producto final, ya que es aquí donde se empiezan a desarrollar los sabores del cacao. Los granos se colocan en cajas de madera tapadas y con el fondo perforado y se van removiendo a intervalos regulares para que fermenten de manera uniforme.

Este delicado proceso puede durar desde 2 días, para los de mayor calidad, hasta un máximo de 8 para los de menor, que necesitan más tiempo para liberar sus compuestos aromáticos.

Durante ese tiempo, los granos adquirirán su distintivo color marrón y desarrollarán muchas de las características de sabor que encontraremos más tarde en el chocolate.

El último paso que se realiza en las plantaciones consiste en dejarlos secar. Esto se suele hacer exponiéndolos al sol durante varias horas al día en bastidores de madera específicos para esta tarea o en diferentes superficies. El proceso, que puede durar hasta 2 semanas, detiene la fermentación y elimina casi toda la humedad del grano, que si no acabaría pudriéndose o enmoheciéndose.

COMIENZA EL VIAJE

Tras el secado, los granos de cacao se someten a un proceso de control de calidad que selecciona los que están en buen estado y descarta los que presentan defectos notables. A continuación, se introducen en grandes sacos, de entre 50 y 70 kilogramos, y se envían a todo el mundo. Si tenemos en cuenta que se necesitan unas 25 vainas para obtener algo más de 1 kilogramo de granos secos de cacao, es fácil hacerse una idea del enorme trabajo que supone.

DEL CACAO AL CHOCOLATE

La transformación del grano en tableta

MANTECA DE CACAO

La manteca de cacao es la grasa que contienen los granos de cacao. Se encuentra en proporciones variables (entre un 48 % y un 60 %). Además de para la producción de chocolate, también se utiliza en confitería. Es sólida a temperatura ambiente, tiene propiedades emolientes y se funde en la boca, de ahí que se emplee en la industria cosmética, sobre todo para fabricar barras de labios y bálsamos labiales o cacaos. Aunque estos últimos se suelen denominar en italiano *burro di cacao* (manteca de cacao), este ingrediente ha sido sustituido en su mayor parte por productos sintéticos.

Aunque el cultivo de las vainas de cacao y el proceso de fermentación y secado de los granos tienen lugar en las plantaciones que se encuentran en los países tropicales, como ya hemos visto, la elaboración de las tabletas de chocolate se suele realizar en Occidente.

No todos los chocolateros elaboran sus productos a partir de los granos de cacao. De hecho, la gran mayoría utiliza productos semiacabados, como la pasta de cacao o, incluso, la cobertura de chocolate, que están más cerca del chocolate que de los granos del cacao. Esto se debe a que la elaboración del chocolate es un proceso complejo y delicado que requiere maquinaria cara y de alta precisión. Por eso, tanto las grandes industrias como las pequeñas compañías artesanales, las empresas que procesan el cacao en grano a partir de las vainas a menudo dedican solo una pequeña parte de su producción a sus líneas de chocolate y el resto lo suministran a terceros.

El procesamiento de la materia prima empieza con la limpieza de los granos. Después, se tuestan a alta temperatura entre 15 minutos y 1 hora (110-150 °C) en unas máquinas especiales. Se trata de una operación esencial que completa el desarrollo de los aromas y sabores del cacao que comenzó con el secado en la plantación. Tiene, además, un efecto antibacteriano en los granos y reduce aún más su contenido de humedad, dejándolos significativamente más oscuros.

PASTA DE CACAO

La trituración y la aspiración facilitan el descascarillado del cacao, en el que se separa la piel del grano. El cacao depurado se tritura hasta obtener pequeños trocitos, denominados *nibs*. Aquí comienza el refinado. Los *nibs* se someten a un proceso de molienda en un molino especial (de rodillos o cuchillas) durante el que se produce una cantidad considerable de calor, que funde la grasa contenida en los granos (la manteca de cacao) y los convierte en una masa espesa con partículas de tamaño variable conocida como pasta o licor de cacao. A menudo, esta mezcla se enfría y se solidifica para guardarse o venderse como materia prima a otras empresas o chocolateros. Algunos, sin embargo, la conservan en forma líquida a unos 45 °C y la transforman en chocolate. Aunque parezca redundante, porque aún no se ha añadido ningún otro ingrediente, la pasta de cacao contiene solo cacao. Más que cualquier otro ingrediente, es lo que le aportará al chocolate sus características principales. También es el único ingrediente de las tabletas de cacao 100 %, de sabor intenso.

La pasta de cacao no solo es un componente clave en la producción del chocolate, sino que se utiliza para extraer manteca de cacao y cacao en polvo, un proceso que tiene lugar en prensas muy potentes a alta presión. La manteca de cacao se separa de los sólidos secos en forma de líquido dorado. Una vez desodorizado, se puede añadir a la pasta de cacao y al azúcar para conseguir que el chocolate sea más blando y fácil de trabajar.

Tras el prensado, el componente seco de la pasta de cacao se convierte en «tortas de cacao», bloques compactos de cacao con un contenido graso del 10-15 % que, tras romperse en fragmentos y pulverizarse, se transforman en el cacao en polvo que se encuentra en los lineales de las grandes superficies y utilizamos para elaborar pasteles, galletas, helados, púdines y chocolate líquido.

A PUNTO DE CONVERTIRSE EN TABLETA

En este momento del proceso, la pasta de cacao se suele mezclar con el resto de los ingredientes que compondrán el producto acabado: azúcar, lecitina de soja (que actúa como emulsionante), leche, vainilla y otra serie de aromatizantes.

A continuación, se somete al proceso del refinado, que le conferirá su consistencia final y le permitirá desarrollar sus aromas más preciados. Para reducir la granulometría de la mezcla y darle finura, se utilizan varias máquinas, desde las refinadoras de rodillos hasta las de bolas, más recientes y eficaces. Posteriormente le sigue otro proceso crucial: el conchado. Además de refinar aún más el chocolate, reduce su acidez y le confiere una textura aterciopelada. El chocolate está así listo para la fase de atemperado, que consiste en enfriarlo a unos 28 °C antes de calentarlo a 32 °C para que cristalice de manera uniforme y se mantenga estable. Como resultado, cuando solidifique, estará brillante y fino y se conservará durante más tiempo.

MOLDEADO

Una vez atemperado, el chocolate puede moldearse con la forma deseada. Los moldes de policarbonato han hecho posible darle su popular forma de tableta y convertirlo en bombones y huevos de Pascua. El moldeado es un proceso delicado que a menudo se sigue haciendo a mano, dejando enfriar el chocolate a temperatura ambiente antes de desmoldarlo.

COMPOSICIÓN Y TIPOS DE CHOCOLATE

Ingredientes y características de un producto de calidad

CONSERVACIÓN DEL CHOCOLATE

Durante los meses de invierno, el chocolate se debe guardar en la despensa o en un armario, lejos de la luz y el calor. En verano, en el compartimento de la mantequilla del frigorífico. El chocolate negro se conservará unos 3 años, el chocolate con leche 1 año y el chocolate blanco 8 meses como máximo. Si tiene un color apagado y una pátina blanquecina significa que ha estado expuesto a cambios de temperatura bruscos que pueden haber afectado a su sabor, aunque sigue siendo comestible.

Ahora que conocemos el largo viaje efectuado por los granos de cacao a través de los océanos y los procesos que lo transforman en chocolate, es el momento de saber algunas cosas más sobre los ingredientes que intervienen en su elaboración y evaluar su composición. Esto nos permitirá reconocer la calidad del producto que vamos a degustar o que será el ingrediente estrella de nuestros postres favoritos.

LOS INGREDIENTES

Para que se pueda definir como chocolate, una tableta debe contener, además de pasta de cacao, que es la que le conferirá su sabor e intensidad característicos, un 1% de azúcar como mínimo. La calidad de los granos de cacao y el nivel de los procesos de elaboración son la base sobre la que se juzgará la calidad del producto final.

La función de la manteca de cacao es hacer que el chocolate sea más suave y se deshaga en la boca, permitiéndonos captar plenamente todos sus sabores. Este ingrediente insípido e inodoro no figura en la etiqueta, pero se añade a la pasta de cacao. Su contenido no debe superar el 10% en un producto de calidad.

El azúcar es un componente importante. Le aporta equilibrio y lo convierte en el producto que tanto nos gusta. Como el cacao es en realidad muy amargo, el azúcar sirve para atenuar su aspereza y realzar sus componentes aromáticos, contribuyendo a que resulte agradable al paladar. Su porcentaje puede variar, pero, en general, un contenido de azúcar del 30% proporciona un sabor delicado y una textura cremosa.

La lecitina de soja actúa como emulsionante y permite que la mezcla sea más fluida y fácil de trabajar. Además, cuando el chocolate se vierte en moldes, reduce la formación de burbujas de aire y hace que las formas presenten menos defectos.

La vainilla es un ingrediente muy habitual. Su uso se remonta a sus orígenes, puesto que sabemos que los mayas y los aztecas la utilizaban para aromatizar sus bebidas de cacao y hacerlas más fragantes. Sin embargo, a menudo se utiliza para enmascarar defectos en el chocolate de menor calidad. Hoy en día muchos maestros chocolateros han dejado de utilizarla para centrarse en los sabores de la materia prima que emplean.

A veces, al chocolate se le añade cacao en polvo para aportarle fuerza e intensidad. No obstante, al no contener casi nada de grasa, su adición puede restarle untuosidad, sabor y textura al producto final.

Desde Daniel Peter, como hemos visto, la leche, generalmente en polvo, ha sido un ingrediente indispensable en la elaboración del chocolate con leche. Menos fuerte y más dulce, gusta sobre todo a los niños.

Por último, no podemos olvidarnos de un producto clave en Italia: las avellanas. Si se añaden enteras, el producto final se conoce, simplemente, como chocolate con avellanas, mientras que, si se utiliza pasta de avellanas, se llama *gianduja*.

EL CHOCOLATE Y EL ALCOHOL

Los licores, en particular los aguardientes, se utilizan tradicionalmente como relleno de los bombones. Hoy en día, sin embargo, es cada vez más común maridar licores y vinos con chocolate. Se recomiendan especialmente los oportos añejos, el Marsala de calidad y el Passito di Pantelleria. No obstante, el Barolo Chinato es, probablemente, el mejor vino para acompañar el chocolate fino; de hecho, la quinina, el cardamomo, el cilantro, la menta y la canela que contiene realzan sus aromas más intensos.

TIPOS DE CHOCOLATE

En un mercado en continua expansión en el que se pueden encontrar muchos tipos de chocolate, es aconsejable conocer las características principales de los más comunes. Cada país tiene una normativa diferente sobre la cantidad de cacao que debe incluir un producto para que entre en una categoría determinada. Los siguientes porcentajes se refieren al chocolate italiano.

— Chocolate negro

El chocolate negro debe contener, como mínimo, un 43 % de pasta de cacao y un 28 % de manteca de cacao. Los hay para todos los gustos, con porcentajes muy variados, como el chocolate extranegro, con un contenido de cacao de al menos el 70 %, y el chocolate amargo, de entre el 80 y el 99 %, como máximo.

— Chocolate con leche

El chocolate con leche, normalmente de color marrón claro, contiene al menos un 25 % de cacao y un 14 % de productos derivados de la leche. Hoy en día muchos productores y chocolateros elaboran algunos con una proporción mucho mayor de cacao, en torno al 35 o 45 %.

— *Gianduja*

Creado en Turín a principios del siglo XIX, la *gianduja*, o *gianduia*, es un chocolate con un mínimo de 32 % de cacao mezclado con pasta de avellanas. También pueden añadirse almendras y nueces picadas siempre que su peso, junto con las avellanas, no supere el 60 % del total.

— Chocolate blanco

El chocolate blanco contiene un 55 % de sacarosa como máximo, un 20 % de manteca de cacao como mínimo y al menos un 14 % de leche o derivados lácteos en polvo. En realidad, no contiene cacao y no puede considerarse chocolate.

— Chocolate rosa o *ruby*

El chocolate rosa se introdujo en el mercado en 2017 como un producto elaborado a partir de unos granos de cacao de un color rosa natural. Creado por la empresa Barry Callebaut, contiene al menos un 47 % de cacao y un mínimo del 26 % de leche. Es muy apreciado por sus notas frescas y afrutadas.

PARA EMPEZAR

EQUIPAMIENTO

PESAR Y MEDIR

PREPARAR Y MEZCLAR

MOLDEAR Y HORNEAR

DECORAR

PESAR Y MEDIR

La pastelería y la repostería tienen tanto de arte como de ciencia. La creatividad, el estilo y la imaginación son importantes, pero pesar y medir con precisión cada ingrediente es imprescindible, incluso cuando se utilizan cantidades pequeñas, como los agentes leudantes y los aromas concentrados. Calcular a ojo el peso de un ingrediente no suele funcionar. Para evitar sorpresas desagradables, las básculas son una herramienta esencial, al igual que en los laboratorios científicos.

— Básculas digitales
Las básculas digitales modernas son eficaces, ligeras, fáciles de guardar y sencillas de limpiar. Aunque las tradicionales pueden ser más decorativas, son menos precisas y tienen más margen de error.

PREPARAR Y MEZCLAR

El éxito de un dulce o de un postre depende de que la receta se haya probado y testado, se utilicen ingredientes de calidad y se disponga de todos los utensilios necesarios para su elaboración. Lo primero que debemos hacer es pesar y medir todos los ingredientes, solo después se podrán transformar con la ayuda de varillas, amasadoras eléctricas y batidoras u otros utensilios más pequeños y sencillos pero indispensables.

— Colador
Preferentemente de malla metálica, es fundamental para tamizar la harina, el cacao, la levadura en polvo y otros ingredientes secos. El tamizado reduce la formación de grumos y permite que el aire pase a las partículas a medida que se separan. También se puede utilizar para espolvorear azúcar glas o cacao en polvo sobre las elaboraciones terminadas, aunque para esto sería mejor tener un colador de malla fina.

— Rallador y pelador de verduras
Algunos ralladores tienen agujeros de diferentes formas y tamaños, por lo que se pueden utilizar para diversos fines, como rallar cítricos (agujeros pequeños) y chocolate (agujeros más grandes y alargados), por ejemplo. Son, por lo tanto, muy útiles en el caso de no disponer de un rallador específico para chocolate. A pesar de su nombre, un simple pelador de verduras puede tener múltiples usos en una cocina y servir para hacer virutas, tiras y rizos de chocolate.

— Varillas manuales o eléctricas
Imprescindibles para batir claras y montar nata, son además más eficaces que una simple cuchara para mezclar y emulsionar salsas, natas y masas. Las eléctricas suelen ser más rápidas y eficaces que las manuales; fáciles de usar, suelen venir con una gama de accesorios para trabajar incluso las preparaciones más densas.

— Batidora de mano
Permite mezclar los ingredientes directamente en un bol o una cazuela. Las más clásicas llevan una cuchilla para batir, pero otras vienen con unas varillas o un disco para montar los ingredientes y a veces, incluso, con un gancho pequeño para amasar. Son, sin lugar a dudas, una herramienta esencial en cualquier cocina. Lo mejor es elegir una con un motor potente para que no se sobrecaliente con el uso y con accesorios desmontables para facilitar su limpieza.

— Termómetro de cocina
Los mejores son los digitales. Se trata de un artículo imprescindible para cualquier aspirante a pastelero. En muchas recetas, el resultado final depende de alcanzar y mantener la temperatura correcta durante la preparación y cocción de los ingredientes. Atemperar chocolate, caramelizar azúcar y fundir ingredientes al baño maría son solo algunos de los procesos en los que unos pocos grados marcan la diferencia. Para cada una de estas técnicas se requiere un tipo particular de termómetro, con unas características y escalas de temperatura propias: desde simples termómetros de inmersión hasta sondas digitales provistas de una pequeña pantalla de visualización en un extremo y una sonda metálica o pincho en el otro.

— Batidora amasadora
Se trata de una batidora profesional o semiprofesional capaz de trabajar una gran variedad y cantidad de ingredientes. Sus numerosos accesorios la convierten en la mejor opción si lo que desea es un utensilio de cocina polivalente. Las de tamaño mediano son las más adecuadas para el uso doméstico. Con ellas podrá realizar todas las tareas que precise. El gancho, por ejemplo, es perfecto para trabajar las masas más espesas, como el pan. La pala, en cambio, es ideal para las más blandas, como la de los bizcochos. Equipada con las varillas, podrá batir claras, nata y merengue. Algunos modelos también disponen de una función de cocción. La oferta de batidoras amasadoras en cuanto a potencia, tamaño, gama de accesorios y

precio es muy amplia. Si no dispone de mucho espacio, unas varillas eléctricas son también una buena opción.

— Espátula
De goma o de silicona, una espátula es un utensilio muy flexible que le permitirá rebañar los rincones más inaccesibles. También es muy útil para incorporar nata montada o claras de huevo sin perder volumen. Las de metal, en cambio, como las de pastelero o las acodadas, se utilizan más para rellenar, extender y nivelar una crema, un glaseado o una cobertura en una elaboración. El ángulo que forman la hoja y el mango las hace especialmente adecuadas para extender chocolate fundido o glaseado de chocolate sobre una superficie de trabajo o una base.

— Atemperador de chocolate
Aunque el chocolate se puede atemperar fácilmente sobre una superficie de trabajo de mármol, simplemente, con la ayuda de un bol, un cazo, un termómetro digital y unas espátulas, los atemperadores de chocolate son de gran ayuda. Estas máquinas, que se venden en diferentes tamaños, son adecuadas tanto para el uso profesional como doméstico. Disponen de un bol giratorio capaz de fundir y procesar el chocolate a la temperatura deseada (en función del tipo de chocolate) y mantenerlo a una temperatura constante durante un periodo de tiempo determinado, que también se puede programar.

MOLDEAR Y HORNEAR

Una vez preparada la mezcla base, es necesario moldearla para darle su forma final (una tarta, un pastel, una magdalena, un pudin, etc.) en función de la consistencia de la masa y del tipo de cocción requerido. Se trata de unos procesos de horneado que requieren una manipulación especialmente cuidadosa y unos tipos específicos de bandejas y moldes.

— Bandejas, fuentes y moldes de horno
Disponibles en aluminio y otros materiales antiadherentes, todos tienen sus pros y sus contras. Por lo tanto, la elección es muy subjetiva. Dicho esto, necesitará tener un molde redondo para tartas y otros tipos de pasteles (de unos 20-25 cm de diámetro), uno de pan para los bizcochos y *plumcakes* y uno de corona para los *bundt cakes*. Los moldes desmontables o con la base extraíble facilitan mucho el desmoldado y resultan muy prácticos. Los moldes de papel de aluminio u ondulado resistente al calor son asimismo muy útiles, ya que son desechables.

— Manga pastelera
Este artículo es todo un icono para los amantes de la pastelería y la repostería. Antaño, estas bolsas cónicas se hacían de papel o tela encerada, pero recientemente se utilizan bolsas desechables de plástico transparente ligero, que resultan mucho más prácticas e higiénicas. Si desea reducir el consumo de plásticos de un solo uso, adquiera bolsas reutilizables de algodón, ya que se pueden lavar. Rellenas con nata, glaseado, masa, pasta *choux* o cualquier otra preparación blanda, la manga se enrolla o retuerce por la parte superior para cerrarla y se aprieta ligeramente hasta que el contenido sale por una abertura estrecha o boquilla situada en la parte inferior. Las mangas pasteleras se utilizan para hacer galletas, profiteroles y merengues, pero también para rellenar y decorar pasteles. Si las equipa con diferentes boquillas, podrá conseguir diversos efectos decorativos; existen de todas las tallas y pueden ser lisas, acanaladas o con múltiples formas.

— Cortapastas
De metal o de plástico, y disponibles en varias formas y tamaños, se utilizan para cortar y marcar formas sobre láminas de masa extendida y hacer galletas o decoraciones. Pueden ser lisos, para hacer cortes rectos, rizados, para obtener bordes ondulados, o con formas de lo más variado. También se utilizan para cortar *fondant* y decorar tartas y postres. Los cortapastas redondos se venden en juegos de diversos diámetros y son imprescindibles en una cocina.

— Rejilla de enfriamiento
Se trata de una rejilla de metal para dejar los pasteles y las galletas mientras se enfrían o para rellenarlos y decorarlos. Si la colocamos sobre una bandeja, es muy útil para recoger la cobertura, el glaseado o la crema que escurran.

— Rodillo de pastelería
De madera u otros materiales, un rodillo es esencial para estirar masas y amasarlas con facilidad. Algunos son de mármol o metal, ya que el frío ayuda a mantener la masa fría. Otros son huecos y se pueden rellenar con hielo.

— Pincel de repostería
Muy útil para empapar la base de los postres con jarabes y licores aromatizados, para pintar pasteles con huevo o leche

para glasearlos y para engrasar moldes, fuentes y bandejas de horno de forma uniforme y sin desperdicios. Hoy en día se prefieren los de silicona a los de cerdas naturales; más higiénicos y prácticos, no tienen el inconveniente de que de vez en cuando se desprenda alguna cerda.

— Moldes de silicona
Los moldes de silicona alimentaria suelen ser mejores que los de metal, ya que por lo general no es necesario untarlos con mantequilla y espolvorearlos con harina. Gracias a sus propiedades antiadherentes y flexibles, resulta muy sencillo desmoldar las elaboraciones, que siempre saldrán perfectas. Sin embargo, para las formas más complejas, como las de un *bundt cake*, puede que sea mejor engrasarlos. Resisten temperaturas que oscilan entre los -40 °C y los 280 °C, por lo que se pueden introducir directamente en el congelador, si fuera necesario. Sirven también para los hornos con ventilador, de convección y estáticos, así como los hornos microondas, pero no para los hornos de gas.

— Moldes de policarbonato
Menos flexibles que los de silicona, son especialmente adecuados para trabajar con el chocolate. Capaces de distribuir el calor del chocolate atemperado de manera uniforme, su grado de transparencia permite ver la formación de posibles burbujas de aire y el estado del chocolate al enfriarse. Son por lo tanto ideales para elaborar bombones, tabletas de chocolate, huevos de Pascua y turrones. Sin embargo, para las esferas rellenas, los conos pequeños y las figuras tridimensionales complejas, en los que el proceso de retirarlos es más delicado, resultan mejores los de silicona.

DECORAR

Aunque la tradición de decorar las elaboraciones dulces es muy antigua, no fue hasta el siglo XVIII cuando el cocinero y pastelero francés Antonin Carême la elevó a una auténtica forma de arte. Lo más sencillo es utilizar fruta fresca picada o en rodajas, fruta seca o confitada, granos de azúcar cristalizados o gotas de chocolate (disponibles en los supermercados y resistentes a la fusión). Para decorar con chocolate, basta con fundirlo y verterlo en un cono de papel o una manga pastelera provista de una boquilla muy pequeña para dibujar o escribir sobre las preparaciones (véase pág. 64).

— Utensilios para trabajar con el chocolate
Como en cualquier forma de arte, trabajar con el chocolate requiere el uso de utensilios y accesorios específicos para rallar, fundir, mezclar, moldear y decorar. Algunos se pueden encontrar en una cocina doméstica medianamente equipada, pero otros son más especializados.

— Tenedores para bombones
También llamados horquillas de inmersión, son esenciales para elaborar y decorar bombones. En su mayoría de acero, se utilizan para sumergir las elaboraciones en chocolate, previamente atemperado, hasta recubrirlas. Pueden tener diferentes formas (triangulares, con forma de lágrima, en espiral, circulares o con 2, 3 y 4 púas) y sirven para hacer una gran variedad de patrones decorativos en la superficie del chocolate.

— Boquillas
Accesorios adicionales e intercambiables que se añaden a las mangas pasteleras para crear diferentes tipos de adornos y personalizar las decoraciones o rellenar una preparación con chocolate, nata y otros ingredientes. Pueden ser de plástico o de metal y tener aberturas de diversas formas y tamaños.

CONSEJOS ÚTILES

TAMIZAR

MEZCLAR

MONTAR

BATIR

TAMIZAR

— Tamizar la harina

Cuando se añade harina a una mezcla que debe leudar, porque lleva un gasificante o claras de huevo montadas, hay que tamizarla para evitar la formación de grumos e incorporar aire. Así conseguiremos que la mezcla sea más ligera y suba bien. La levadura, el bicarbonato sódico y los otros agentes leudantes se deben tamizar también para eliminar los grumos y distribuirlos de manera uniforme.

MEZCLAR

— Incorporar los ingredientes secos

Cuando mezcle ingredientes secos (como la harina o el cacao) con elaboraciones que contengan mucho aire (como las claras a punto de nieve o la nata montada), debe incorporarlos poco a poco, removiéndolos con movimientos circulares desde abajo hacia arriba con una espátula de silicona, para conservar las burbujas de aire intactas; de lo contrario, corre el riesgo de que la mezcla se deshinche y no suba durante la cocción, lo que afectará al resultado final. Cuando mezcle ingredientes con una espátula de silicona, gire el bol en el sentido de las agujas del reloj y empiece desde el borde hacia el centro para evitar la formación de grumos.

MONTAR

— Montar la nata

En todas las recetas de este libro, la nata montada la haremos siempre con nata fresca y nunca con nata uperizada UHT. Para montarla, es necesario que esté fría; resérvela en el frigorífico, es decir, entre 2 y 4 °C. Le recomendamos también que el bol y las varillas de la batidora amasadora estén fríos. Comience a batir la nata despacio y vaya aumentando la velocidad gradualmente. No la bata en exceso; pare cuando esté firme pero fina. Si se pasa de este punto, se volverá grumosa y se cortará. Si le añade azúcar antes de empezar a batirla, no subirá lo deseado. Para obtener los mejores resultados, le aconsejamos esperar hasta que esté parcialmente montada.

BATIR

— Montar las claras a punto de nieve

Tanto si monta las claras de huevo a mano como si utiliza unas varillas eléctricas o una amasadora, la temperatura de las claras no influirá en el resultado final. Si están recién sacadas del frigorífico, tardarán más en montarse que si están a temperatura ambiente, pero al final del proceso el volumen y la estabilidad serán iguales en ambos casos. En cambio, a una temperatura de entre 30 y 50 °C, que se puede obtener calentando ligeramente las claras al baño maría, se montarán más rápido e incorporarán más aire. No es aconsejable añadirles sal, puesto que al principio se formará una espuma que tendrá un impacto negativo al final, porque su estructura será menos estable. Por el contrario, añadir un elemento ácido, como unas gotas de zumo de limón, vinagre o crémor tártaro, les ayudará a conseguir una estructura más estable durante la cocción y un mayor volumen. La presencia de grasa, por mínima que sea (procedente de una gota de yema o de un bol o unas varillas con trazas de grasa), puede reducir hasta dos tercios el volumen final. Si bate las claras con unas varillas eléctricas o una amasadora, empiece siempre despacio y vaya aumentando la velocidad gradualmente hasta alcanzar la velocidad máxima.

CÓMO LEER LAS RECETAS

PREPARACIONES BASE Y RECETAS PRINCIPALES

TIEMPOS DE PREPARACIÓN, COCCIÓN Y CONSERVACIÓN

RACIONES

INGREDIENTES Y EQUIPAMIENTO

CONSEJOS ADICIONALES

PREPARACIONES BASE Y RECETAS PRINCIPALES

Las recetas de pastelería y repostería deben proporcionar indicaciones completas, claras e intuitivas. Este ha sido nuestro objetivo a la hora de redactar este libro, en el que las preparaciones base marcan las directrices de las recetas principales o los postres terminados.

En las recetas principales, las preparaciones base y, a veces, las recetas base que aparecen al final del libro están claramente referenciadas e incluyen el número de página correspondiente para que las pueda encontrar con facilidad. Cuando se utilice una preparación base sin variaciones de cantidades o de ingredientes, las recetas principales indicarán «1 ración» o un múltiplo simple de la preparación base: por ejemplo, en la lista de ingredientes aparecerá «1 ración de chocolate atemperado» o «2 raciones de *ganache* simple». En el resto de los casos, se dará el peso exacto de la preparación base; por lo que bastará con preparar la cantidad indicada.

En las preparaciones base que sufran cambios importantes en las cantidades o los ingredientes cuando se incorporen a una receta concreta, se hará referencia al procedimiento básico que se deberá seguir y se indicarán las cantidades y los ingredientes que se deberán utilizar.

TIEMPOS DE PREPARACIÓN, COCCIÓN Y CONSERVACIÓN

Los tiempos de preparación se han calculado sin tener en cuenta los tiempos de cocción, a menos que la fase de cocción requiera la presencia activa de la persona que prepara la receta. El tiempo de cocción en el fuego es el total de todos los tiempos de cocción en el fuego, y lo mismo ocurre con los tiempos de horneado. Para las preparaciones base, los tiempos de conservación en el frigorífico o el congelador son los de la masa o la mezcla precocinada. Para el resto de las recetas, se han respetado unos márgenes de seguridad estrictos; si las recetas lleven cremas o nata, los tiempos de conservación son siempre más cortos.

RACIONES

Casi todas las recetas principales están pensadas para 6 u 8 personas, ya que se considera que es el número de raciones más práctico para una tarta o un postre, pero algunas son para 10; es el caso de los platos de fiesta y los pasteles y postres que se pueden guardar en el frigorífico, el congelador o la despensa y consumirse más tarde.

INGREDIENTES Y EQUIPAMIENTO

Salvo raras excepciones, los ingredientes y el equipamiento necesario para cada preparación base y cada receta principal figuran por orden de aparición. Cuando es necesario ser más claros, los ingredientes se han agrupado por preparación: «para la base», «para la crema», «para el glaseado», «para decorar», etc. Otra lista indica los utensilios necesarios para amasar, cortar, tamizar, atemperar, recubrir, etc. Las cantidades se indican en gramos, litros o mililitros.

CONSEJOS ADICIONALES

Cada técnica básica y muchas de las recetas vienen acompañadas de un consejo o un truco que le permitirán ahorrar tiempo, evitar los errores más comunes, sortear los pasos más difíciles o variar una receta.

TÉCNICAS PASO A PASO

Fundir

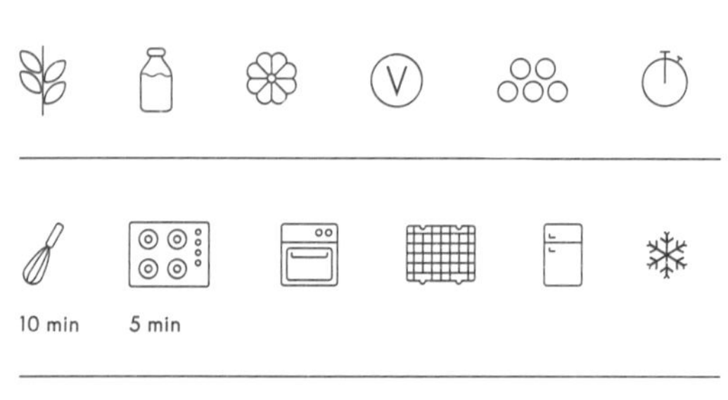

Dificultad: BAJA

PARA EL CHOCOLATE FUNDIDO
250 g de chocolate negro, con leche, blanco o rosa

(Para una versión vegana sin lácteos, use chocolate negro con un mínimo de 50% de cacao y compruebe la etiqueta)

EQUIPAMIENTO NECESARIO
Tabla de cortar
Cuchillo de chef
Baño maría
Espátula de silicona

En una tabla de cortar limpia y seca, utilice un cuchillo de chef afilado para picar fino el chocolate. Sujete el cuchillo con firmeza y empiece siempre por las esquinas, dando la vuelta a la tableta cada vez que se forme un nuevo borde (1).

Si dispone de un cazo para baño maría, derrita despacio el chocolate picado; si no, utilice una cazuela de tamaño mediano y un bol de metal o de cristal refractarios lo suficientemente grandes para colocarlos encima de la cazuela sin tocar la base. Pase el chocolate picado al bol (2).

Vierta 5 cm de agua en la cazuela y llévela a ebullición a fuego lento. Coloque el bol refractario encima y asegúrese de que la base del bol no toca el agua. Así evitará que el chocolate se sobrecaliente y se queme (3).

En cuanto se empiece a fundir, remuévalo con cuidado con una espátula de silicona para no incorporar aire a la preparación y evitar que se pegue a las paredes del bol (4-5).

Si lo prefiere, después de picar el chocolate, puede fundirlo en el microondas a 500 W durante 30 segundos. Retire el bol del microondas, remueva el chocolate y repita la operación hasta que se funda por completo.

CONSEJOS Y TRUCOS

También puede picar fino el chocolate en un robot de cocina. Antes de hacerlo, refrigérelo 15 minutos como mínimo y trocéelo. Otra opción es rallarlo, aunque tenderá a fundirse durante el proceso, por lo que es importante retirar con un pincel los restos de chocolate que se adhieran al rallador. Si los toca con las manos, se fundirán.

1

2

3

4

5

Atemperar

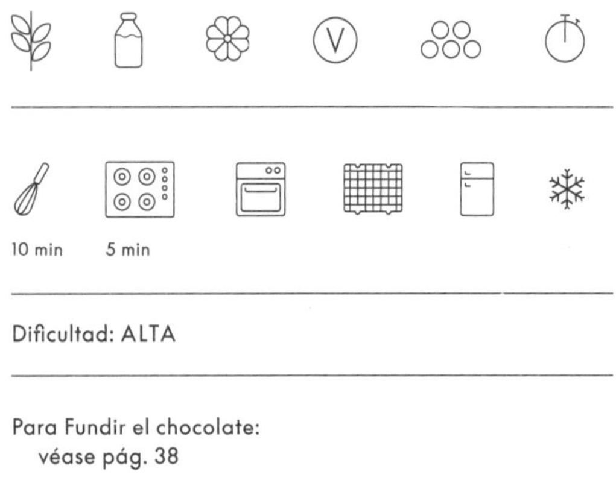

Dificultad: ALTA

Para Fundir el chocolate:
véase pág. 38

PARA EL CHOCOLATE ATEMPERADO
250 g de chocolate negro, con leche, blanco o rosa

(Para una versión vegana sin lácteos, use chocolate negro con un mínimo de 50 % de cacao y compruebe la etiqueta

EQUIPAMIENTO NECESARIO
Baño maría
Termómetro de cocina
Tabla de mármol
Rasqueta para chocolate
Espátula de silicona
Cucharón (opcional)

Funda el chocolate al baño maría hasta que tenga una consistencia fina y homogénea (véase pág. 38). Compruebe constantemente la temperatura con un termómetro de cocina (digital, si puede ser) y siga calentándolo hasta que la temperatura alcance los 55 °C para el chocolate negro, 50 °C para el chocolate con leche y 45 °C para el chocolate blanco y rosa (1).

Vierta dos tercios del chocolate fundido sobre una tabla de mármol, dejando el resto en el bol, y muévalo con una rasqueta para chocolate (2).

Siga moviéndolo con la rasqueta hasta que la temperatura baje a 28-29 °C para el chocolate negro, 27-28 °C para el chocolate con leche y 26-27 °C para el chocolate blanco y rosa (3).

Mezcle el chocolate atemperado con el chocolate reservado en el bol (4) y caliéntelo a 31-32 °C para el chocolate negro, 29-30 °C para el chocolate con leche y 28-29 °C para el chocolate blanco y rosa (5).

Utilícelo a continuación y, si se enfría, vuelva a calentarlo al baño maría.

Si lo prefiere, después de fundir el chocolate, pase un tercio a otro bol, resérvelo y manténgalo templado (6). Incorpore una cuarta parte del peso inicial del chocolate en forma de chocolate picado fino (7) y remuévalo con una espátula de silicona hasta que se funda y alcance las temperaturas indicadas en el paso 3.

Añada el chocolate fundido reservado hasta que alcance las temperaturas del paso 5 (8). Este tipo de atemperado se denomina método de siembra.

CONSEJOS Y TRUCOS
Cuanto más chocolate atempere, más fácil le resultará controlar la temperatura. Le recomendamos trabajar con 250 g y reservar el chocolate que sobre para otra elaboración. Viértalo en una cubitera y deje que se endurezca. Páselo a una bolsa de conservación de alimentos con cierre de cremallera y guárdelo en el compartimento de la mantequilla del frigorífico.

Bañar

Dificultad: MEDIA

Para la Ganache montada:
véase pág. 78
Para Atemperar el chocolate:
véase pág. 40

PARA LA GANACHE MONTADA
350 g de chocolate negro al 70%
250 ml de nata para montar
70 g de mantequilla

PARA EL CHOCOLATE ATEMPERADO
250 g de chocolate negro, con leche, blanco o rosa

EQUIPAMIENTO NECESARIO
Fuente de horno rectangular
Papel vegetal
Espátula acodada
Tabla de mármol
Cucharón
Cuchillo de chef
Tenedor para bombones
Palillo
Hoja de acetato o papel vegetal

Forre una fuente de horno con papel vegetal. Coloque la *ganache* montada en la fuente y extiéndala de manera uniforme con una espátula acodada para alisar la superficie. Introdúzcala en el frigorífico durante 1 hora como mínimo para que se endurezca y, a continuación, desmóldela sobre una superficie limpia o una tabla de mármol.

Vierta chocolate atemperado sobre la base de *ganache* (1) y extiéndalo de inmediato de manera uniforme con una espátula acodada en una capa fina hasta cubrirla (2).

Caliente la hoja de un cuchillo afilado bajo un chorro de agua caliente y corte la preparación en cuadrados. Los utilizaremos para rellenar los bombones (3-4).

Resérvelos en el frigorífico para que se endurezcan y, a continuación, sumérjalos en el resto del chocolate atemperado para bañarlos.

De uno en uno, introduzca el tenedor en los cuadrados de *ganache* (5). Sumérjalos en el chocolate atemperado (6), levante el tenedor y golpéelo contra el borde del bol para eliminar el exceso de chocolate (7).

Con la ayuda de un palillo, despegue el bombón del tenedor y colóquelo sobre una hoja de acetato o de papel vegetal para que se endurezca.

VARIANTE
Esta técnica permite hacer bombones sin utilizar un molde. También puede bañar frutas deshidratadas, frutos secos y piel de naranja confitada, por ejemplo. Antes de que se seque la cobertura de chocolate, puede decorar los bombones con avellanas picadas, nueces, almendras laminadas o pistachos, si lo desea.

1

2

3

4

5

6

7

Cápsulas de chocolate: bombones

 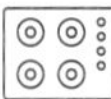  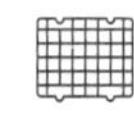 

25 min 10-30 min

Dificultad: ALTA

Para Atemperar el chocolate:
véase pág. 40
Para la Ganache para bombones y trufas:
véase pág. 74

PARA LOS BOMBONES
300 g de chocolate negro, con leche, blanco o rosa atemperados
1 ración de Ganache para bombones y trufas, aromatizada si lo desea

EQUIPAMIENTO NECESARIO
Molde de policarbonato para bombones
Rejilla de enfriamiento
Bandeja metálica
Cucharón
Rasqueta para chocolate
Manga pastelera o cono desechables

RECETAS EN LAS QUE SE EMPLEA
- Bombones de chocolate con naranja y cayena (pág. 208)
- Copas de chocolate rellenas de caramelo (pág. 210)
- Bombones de chocolate blanco con frambuesas (pág. 214)
- Copas de chocolate rellenas de ganache de menta (pág. 224)
- Copas de chocolate rellenas de mousse de clementinas (pág. 226)
- Bombones de chocolate negro con ganache de chocolate blanco e hinojo (pág. 234)

Limpie y seque bien el molde de policarbonato. Colóquelo en una rejilla de enfriamiento sobre una bandeja metálica. Llene las cavidades del molde hasta el borde con el chocolate atemperado y déjelo enfriar hasta que se empiece a solidificar pero aún esté pastoso y blando (1).

Pase una rasqueta para chocolate por la superficie para nivelarla y eliminar el exceso de chocolate (2).

Dele la vuelta al molde para que caiga el chocolate sobrante de las cavidades y pase de nuevo la rasqueta por la superficie para que quede lisa (3).

Deje que el chocolate se endurezca en el frigorífico 10 minutos como mínimo o unos 30 minutos a temperatura ambiente. Llene una manga pastelera desechable con la *ganache* y córtele la punta. Rellene las cápsulas de chocolate tres cuartas partes (4).

Vierta el chocolate atemperado sobre el relleno de *ganache* hasta cubrirlo por completo (5) y vuelva a pasar la rasqueta por la superficie para retirar el exceso de chocolate.

Deje que los bombones se endurezcan y desmóldelos sobre una superficie de trabajo (6).

CONSEJOS Y TRUCOS
Con los restos de chocolate, haga decoraciones utilizando hojas de camelias, de rosas o de ciruelo. Lávelas y séquelas bien. Sumérjalas en el chocolate atemperado y elimine el exceso frotando la parte inferior contra el borde del bol. Colóquelas, con el lado del chocolate hacia arriba, sobre una lámina de papel vegetal y refrigérelas hasta que el chocolate se endurezca. Retire con cuidado las hojas del chocolate, empezando por el tallo.

1

2

3

4

5

6

Cápsulas de chocolate: huevos

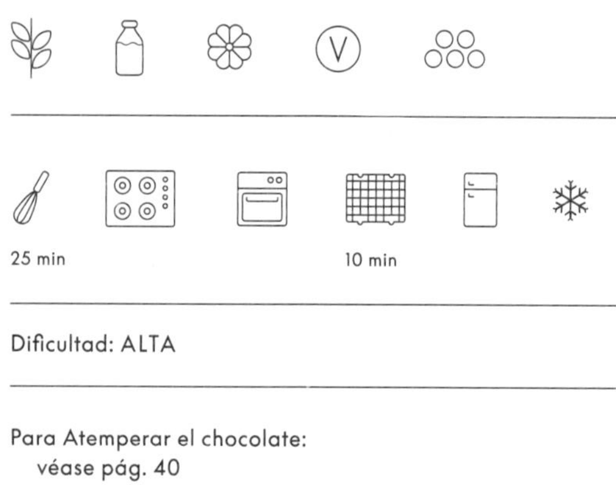

Dificultad: ALTA

Para Atemperar el chocolate:
véase pág. 40

PARA LOS HUEVOS
400 g de chocolate negro, con leche, blanco o rosa atemperados

(Para una versión vegana sin lácteos, use chocolate negro con un mínimo de 50 % de cacao y compruebe la etiqueta)

EQUIPAMIENTO NECESARIO
Molde de policarbonato para huevos de chocolate
Cucharón
Rasqueta para chocolate
Espátula de pastelero

Limpie el molde y séquelo bien. Con la ayuda de un cucharón, rellénelo con el chocolate atemperado. Cuando esté lleno hasta la mitad, muévalo de delante hacia atrás y de un lado a otro para distribuir el chocolate por las paredes de las cavidades (1).

Cuando se empiece a solidificar, pero aún esté un poco blando y pastoso, dele la vuelta para que el chocolate sobrante caiga (2). Podrá utilizarlo para otras recetas o reservarlo para darle un uso posterior (véase Consejos y trucos, pág. 40).

Pase una rasqueta para chocolate por la superficie del molde para nivelarla y eliminar el exceso de chocolate (3).

Introduzca el molde en el frigorífico 10 minutos para que el chocolate se endurezca, sáquelo, espere unos minutos y colóquelo boca abajo sobre una superficie de trabajo para desmoldarlo (4).

Caliente una espátula de pastelero al fuego y pásela por el borde interior de una de las mitades del huevo para calentar el chocolate ligeramente y fundirlo (5).

Junte las dos mitades y sujételas con mucho cuidado hasta que el chocolate se endurezca y las selle (6).

Si desea que los huevos sean más gruesos, repita el primer paso hasta conseguir el grosor deseado.

VARIANTE
Para obtener un efecto marmoleado, atempere una tanda de chocolate blanco y otra de negro. Con una esponja limpia, unte el interior de las cavidades con una capa muy fina de chocolate negro. Introduzca el molde en el frigorífico para que se endurezca y, con la ayuda de un cucharón pequeño, vierta el chocolate blanco en las cavidades. Prosiga con el resto del método descrito arriba. Los huevos quedarán bicolores.

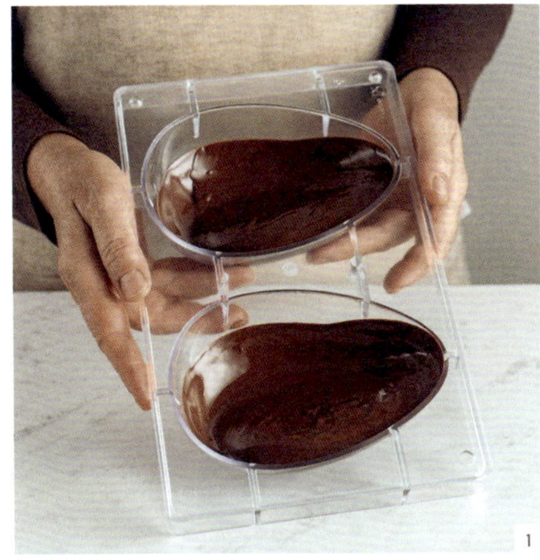
1

2

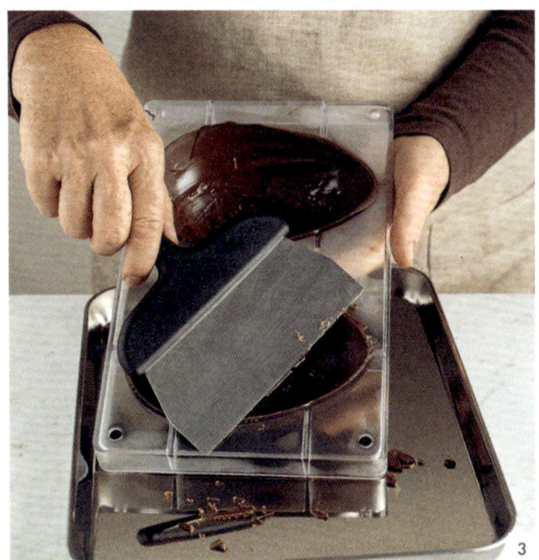
3

4

5

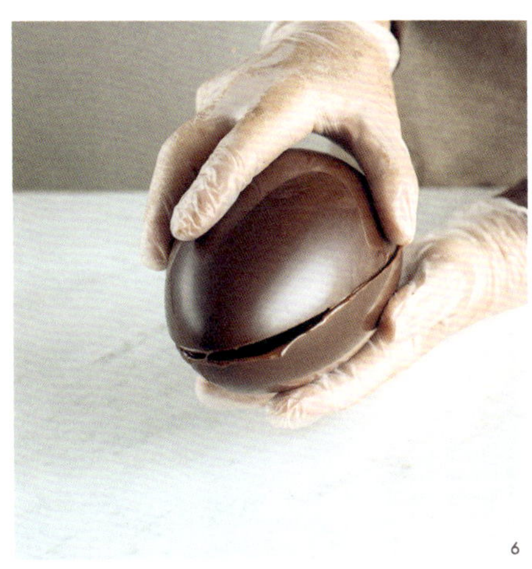
6

Formas sólidas: tabletas

Dificultad: MEDIA

Para Atemperar el chocolate:
véase pág. 40

PARA LAS TABLETAS
250 g de chocolate negro, con leche, blanco o rosa atemperados

(Para una versión vegana sin lácteos, use chocolate negro con un mínimo de 50% de cacao y compruebe la etiqueta)

EQUIPAMIENTO NECESARIO
Manga pastelera o cono desechables
Molde de policarbonato para tabletas de chocolate
Rasqueta para chocolate o espátula acodada

RECETAS EN LAS QUE SE EMPLEA
- Tabletas de chocolate con pistachos, orejones y jengibre (pág. 232)

Llene una manga pastelera desechable con el chocolate atemperado y córtele la punta (1). Limpie el molde y séquelo bien. A continuación, vierta el chocolate atemperado hasta llenarlo por completo (2). Golpéelo ligeramente sobre una superficie de trabajo para eliminar las burbujas de aire.

Pase una rasqueta para chocolate por la superficie del molde para nivelarla y eliminar el exceso de chocolate (3-4).

Déjelo endurecer en el frigorífico 10 minutos como mínimo o unos 30 minutos a temperatura ambiente. Dele la vuelta sobre una superficie de trabajo para desmoldar las tabletas de chocolate sin romperlas (5).

RECOMENDACIONES
Los moldes de policarbonato son perfectos para elaborar bombones, tabletas de chocolate, huevos de Pascua y turrones. Distribuyen de manera uniforme el calor y, al ser transparentes, permiten comprobar si se han formado burbujas de aire y si el chocolate se ha enfriado correctamente. Para esferas completas, conos pequeños y figuras tridimensionales complejas, en las que desmoldarlas es una operación delicada, es mejor utilizar moldes de silicona porque son más flexibles.

1

2

3

4

5

Rizos de chocolate

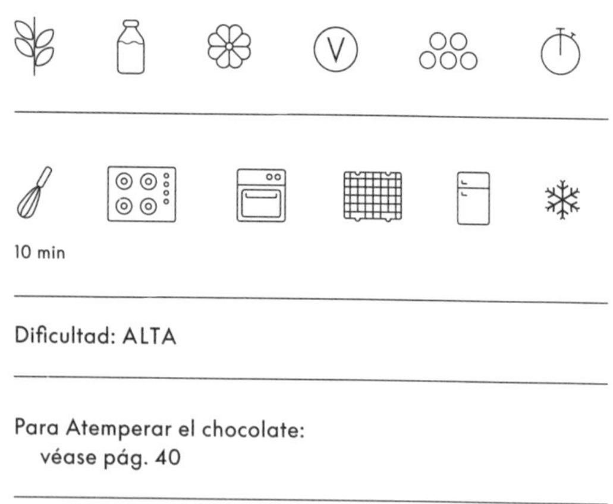

Dificultad: ALTA

Para Atemperar el chocolate:
véase pág. 40

PARA LOS RIZOS
250 g de chocolate negro, con leche, blanco o rosa atemperados

(Para una versión vegana sin lácteos, use chocolate negro con un mínimo de 50% de cacao y compruebe la etiqueta)

EQUIPAMIENTO NECESARIO
Cucharón
Tabla de mármol
Rasqueta para chocolate
Cortapastas redondo pequeño

RECETAS EN LAS QUE SE EMPLEA

- Carlota de chocolate con ron, plátano y coco (pág. 140)
- Pastel de chocolate negro y crema cocida (pág. 150)
- Cupcakes Selva Negra (pág. 154)
- Tarta de chocolate blanco y frambuesas (pág. 164)
- Crema cocida de gianduja (pág. 240)
- Bavarois de chocolate con leche y chocolate de Módica (pág. 250)
- Mousse de chocolate blanco y fruta de la pasión (pág. 264)
- Semifrío de chocolate rosa y ciruelas asadas (pág. 288)

Vierta el chocolate atemperado sobre una tabla de mármol limpia y seca (1) para facilitar que se enfríe.

Con la ayuda de una rasqueta para chocolate, extienda el chocolate hasta que tenga un grosor de 3 mm (2-3). Siga moviéndolo con la rasqueta hasta que se haya solidificado casi por completo y esté mate y homogéneo.

Para hacer abanicos, incline la rasqueta 45 grados con respecto a la superficie de trabajo y, empezando por una esquina del rectángulo, corte una tira de chocolate girando la rasqueta hacia fuera (4).

Para hacer rizos, utilice un cortapastas redondo pequeño. Inclínelo 45 grados con respecto a la superficie de trabajo y raspe la superficie del chocolate para obtener rizos finos con el borde interior del cortapastas (5-6).

Para hacer cigarrillos, incline la rasqueta 10 grados con respecto a la superficie de trabajo y empújela por la parte inferior del chocolate para que se enrolle y forme rizos anchos y compactos (7).

Para obtener virutas finas, incline la rasqueta 10 grados con respecto a la superficie de trabajo y raspe el chocolate más superficialmente que para los cigarrillos (8).

VARIANTE
Existe una forma mucho más sencilla, pero menos versátil, de preparar rizos de chocolate para decorar tartas y postres helados. Coloque un bloque de chocolate a temperatura ambiente sobre una tabla de cortar limpia y seca. Sujételo con firmeza con una mano y raspe rápido la parte superior con un pelador de verduras de boca ancha con la otra mano.

1
2
3
4
5
6
7
8

Tejas de chocolate

Dificultad: MEDIA

Para Atemperar el chocolate:
véase pág. 40

PARA LAS TEJAS
250 g de chocolate negro, con leche, blanco o rosa atemperados

(Para una versión vegana sin lácteos, use chocolate negro con un mínimo de 50 % de cacao y compruebe la etiqueta)

EQUIPAMIENTO NECESARIO
Cucharón
Manga pastelera o cono desechables
2 hojas de acetato de 10 cm de ancho
Cuchara
Molde para tejas o baguettes

RECETAS EN LAS QUE SE EMPLEA
- Pudin de gianduja (pág. 254)

Llene una manga pastelera desechable con el chocolate atemperado y córtele la punta (1).

Escudille el chocolate sobre una de las hojas de acetato formando discos de 2 cm de diámetro. Deje un espacio de 4 cm como mínimo para que no se toquen (2).

Cúbralos con la segunda hoja de acetato (3).

Con el dorso de una cuchara, presione ligeramente el chocolate, formando discos aplastados de tamaño uniforme (4).

Resérvelos hasta que el chocolate se empiece a endurecer pero aún esté maleable y, a continuación, despegue la hoja superior de acetato (5).

Pase la hoja inferior a un molde para tejas, con el lado del chocolate hacia arriba, y deje que se endurezca. Retire con cuidado cada teja (6).

CONSEJOS Y TRUCOS
Si no las va a utilizar de inmediato, puede congelarlas hasta 3 meses. Lo ideal es separarlas con papel vegetal. Resérvelas en un recipiente rígido con tapa para evitar que se rompan.

1
2
3
4
5
6

Virutas de chocolate

Dificultad: BAJA

Para Atemperar el chocolate:
véase pág. 40

PARA LAS VIRUTAS
250 g de chocolate negro, con leche, blanco o rosa atemperados

(Para una versión vegana sin lácteos, use chocolate negro con un mínimo de 50% de cacao y compruebe la etiqueta)

EQUIPAMIENTO NECESARIO
Hojas de acetato
Espátula de pastelero

RECETAS EN LAS QUE SE EMPLEA
- Pastel de chocolate y nueces con caramelo (pág. 170)
- Copas de chocolate rellenas de ganache de menta (pág. 224)
- Copas de chocolate rellenas de mousse de clementinas (pág. 226)
- Mousse de chocolate blanco y avellanas (pág. 238)
- Semifrío de ricotta con naranja y chocolate (pág. 282)

Vierta el chocolate atemperado sobre una hoja de acetato y extiéndalo con una espátula de pastelero hasta obtener una capa fina (1).

Resérvelo 2 minutos para que se endurezca pero sin que se solidifique por completo. Enrolle la hoja de acetato sobre sí misma tan fuerte como pueda o en función del tamaño de las virutas que desee realizar (2).

Deje que el chocolate se endurezca por completo (3) y, a continuación, desenróllela (4).

Al retirar la hoja de acetato, el chocolate se romperá en virutas finas e irregulares que podrá utilizar para decorar tartas y pasteles (5).

CONSEJOS Y TRUCOS
Si ajusta la tensión del rollo, apretándolo más cuando el chocolate se ha endurecido, o varía la velocidad a la que lo desenrolla, obtendrá virutas de diferentes tamaños y formas.

1

2

3

4

5

Hilos de chocolate

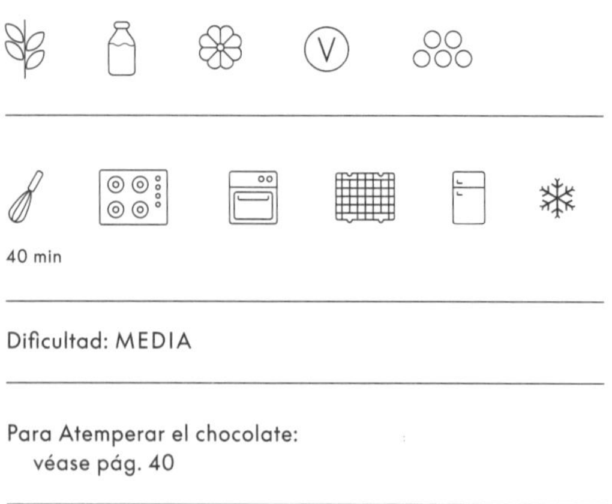

40 min

Dificultad: MEDIA

Para Atemperar el chocolate:
véase pág. 40

PARA LOS HILOS
100 g de chocolate negro, con leche, blanco o rosa atemperados

(Para una versión vegana sin lácteos, use chocolate negro con un mínimo de 50 % de cacao y compruebe la etiqueta)

EQUIPAMIENTO NECESARIO
Bandeja metálica
Biberón de salsas o manga pastelera
Rasqueta para chocolate

RECETAS EN LAS QUE SE EMPLEA
- Tarta de queso y chocolate con salsa de ruibarbo (pág. 158)

Coloque una bandeja metálica en el congelador 30 minutos para que se enfríe.

Llene un biberón de salsas con el chocolate atemperado (1) y extienda una línea fina de chocolate sobre la base de la bandeja en un zigzag continuo (2).

Cuando se haya solidificado, pero antes de que se endurezca del todo, utilice una rasqueta para chocolate para juntar los hilos. Primero, suéltelos por los extremos (3) y, después, deslice la rasqueta a lo largo de los hilos para soltarlos del todo y juntarlos (4).

Córtelos a la longitud deseada con la rasqueta (5) y retírelos de la bandeja (6).

RECOMENDACIONES
En función de su tamaño, se pueden utilizar para decorar tartas y pasteles o galletas y pastelitos.

1
2
3
4
5
6

Enrejado de chocolate

Dificultad: ALTA

Para Atemperar el chocolate:
véase pág. 40

PARA EL ENREJADO
100 g de chocolate negro, con leche, blanco o rosa atemperados

(Para una versión vegana sin lácteos, use chocolate negro con un mínimo de 50% de cacao y compruebe la etiqueta)

EQUIPAMIENTO NECESARIO
Cucharón
Manga pastelera o cono desechables
Tira de acetato ligeramente más ancha que la altura de la tarta que va a decorar y con el largo exacto de su circunferencia

RECETAS EN LAS QUE SE EMPLEA
- Mousse de almendras con interior de chocolate con leche (pág. 260)

Llene una manga pastelera desechable con el chocolate atemperado y córtele la punta. Escudille el chocolate a lo largo y ancho de la tira de acetato con movimientos circulares para crear remolinos irregulares por toda la superficie. Repase la tira varias veces para aportarle estructura y firmeza (1).

Cuando el chocolate se haya endurecido pero aún esté blando y maleable, coloque la tira alrededor de la tarta, asegurándose de que el lado del chocolate quede hacia dentro y esté en contacto directo con la tarta (2).

Presione suavemente el enrejado con los dedos contra los lados de la tarta y resérvela para que el chocolate se endurezca por completo (3).

Retire con cuidado la tira (4) y refrigere la tarta 15 minutos.

CONSEJOS Y TRUCOS
Para que el enrejado se adhiera bien, deberá glasear la tarta primero. No se fija correctamente sobre superficies irregulares o desniveladas, así que asegúrese de que los bordes de la tarta sean lisos y estén nivelados. También puede escudillar motivos de grosor variable o hacer una banda de chocolate. Para ello, con una rasqueta para chocolate extienda el chocolate atemperado sobre la tira del acetato de manera uniforme hasta que tenga 3 mm de grosor y continúe como se indica arriba.

1

2

3

4

Bastones de chocolate

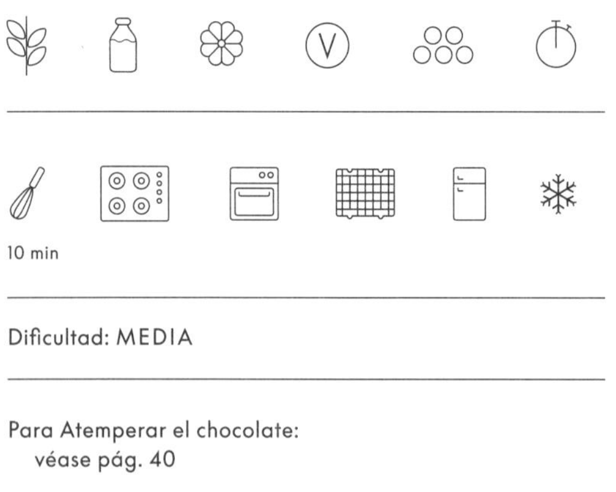

Dificultad: MEDIA

Para Atemperar el chocolate:
véase pág. 40

PARA LOS BASTONES
200 g de chocolate negro, con leche, blanco o rosa atemperados

(Para una versión vegana sin lácteos, use chocolate negro con un mínimo de 50% de cacao y compruebe la etiqueta)

EQUIPAMIENTO NECESARIO
Cucharón
Hoja grande de acetato
Rasqueta para chocolate
Espátula de pastelero
Cuchillo pequeño afilado

RECETAS EN LAS QUE SE EMPLEA
- Semifrío de chai y chocolate con leche (pág. 276)

Vierta el chocolate atemperado en una hoja grande de acetato (1) y extiéndalo con una rasqueta para chocolate hasta obtener un rectángulo de 3 mm de grosor (2-3).

Antes de que se solidifique, marque la superficie con la espátula de pastelero en función de lo ancho que desee que sean los bastones (4).

Corte el rectángulo de chocolate por la mitad a lo largo (5).

Cuando el chocolate se haya solidificado pero no esté duro del todo, separe los bastones cortándolos por las marcas realizadas con la espátula (6). Deje que se endurezcan por completo antes de retirarlos de la hoja de acetato.

CONSEJOS Y TRUCOS
Marque el chocolate cuando aún esté blando pero se empiece a solidificar. Las marcas desaparecerán si intenta hacerlas mientras está muy blando y será imposible hacerlas cuando se haya endurecido.

1

2

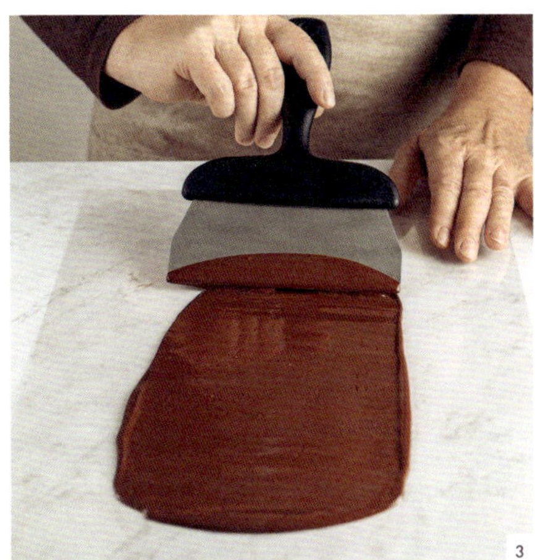
3

4

5

6

Cintas de chocolate en tres dimensiones

Dificultad: ALTA

Para Atemperar el chocolate:
véase pág. 40

PARA DECORAR
100 g de chocolate negro, con leche, blanco o rosa atemperados

(Para una versión vegana sin lácteos, use chocolate negro con un mínimo de 50% de cacao y compruebe la etiqueta)

EQUIPAMIENTO NECESARIO
Hojas de acetato, una grande y una pequeña
Cucharón
Espátula acodada
Rasqueta doble dentada

RECETAS EN LAS QUE SE EMPLEA
- Pavlova de chocolate (pág. 138)
- Tarta de tres chocolates (pág. 146)

Coloque la hoja de acetato pequeña encima de la grande y vierta el chocolate atemperado (1).

Extiéndalo con una espátula acodada hasta que cubra toda la superficie de la hoja más pequeña y tenga un grosor de 3 mm (2). Márquelo a lo largo con una rasqueta doble dentada (3).

Cuando el chocolate se haya empezado a solidificar pero aún esté blando y maleable, retire la hoja más pequeña. Para ello, levántela con la ayuda de la espátula (4).

Sujetando las esquinas opuestas de la hoja con la punta de los dedos (5), enróllela en diagonal sin que los extremos del chocolate se solapen (6).

Deje que el chocolate se endurezca por completo antes de retirarlo con cuidado de la hoja (7).

CONSEJOS Y TRUCOS
Si la temperatura ambiente es alta, refrigere el rollo 10 minutos para que el chocolate se endurezca bien. Retire la hoja de acetato con mucho cuidado para que no se rompa la cinta.

1

2

3

4

5

6

7

Decorar bombones

Dificultad: BAJA

Para Atemperar el chocolate:
véase pág. 40
Para Bañar:
véase pág. 42

PARA DECORAR LOS BOMBONES
100 g de chocolate negro, con leche, blanco o rosa atemperados

(Para una versión vegana sin lácteos, use chocolate negro con un mínimo de 50 % de cacao y compruebe la etiqueta)

EQUIPAMIENTO NECESARIO
Papel vegetal
Cuchillo afilado o bisturí
Tijeras
Cucharón
Tenedores para bombones

RECETAS EN LAS QUE SE EMPLEA
- Bombones de chocolate negro y jengibre (pág. 220)
- Trufas de chocolate con cerveza y miel de acacia (pág. 222)

Para las decoraciones realizadas con una manga pastelera, empiece por hacer un cono de papel. Corte un rectángulo de papel vegetal de 30 × 45 cm y dóblelo con cuidado en diagonal para obtener dos triángulos del mismo tamaño. Con un cuchillo afilado o un bisturí, córtelo por el pliegue. Intente deslizar el filo del cuchillo para que el corte sea lo más limpio posible. Haga un cono con cada triángulo (1).

Doble uno de los triángulos por la mitad del lado más largo y sujete las esquinas con el pulgar y el índice (2). Con la otra mano, sujete la punta del lado opuesto. El lado más largo del triángulo debe quedar a su izquierda. Enrolle la esquina más corta de la derecha sobre la que apunta hacia usted para formar un cono. Con la mano izquierda, enrolle dos veces la esquina más larga de la izquierda alrededor de la punta del cono y júntela con las otras dos esquinas de la parte trasera del cono (3).

Si el cono tiene todavía una abertura en la parte delantera, ciérrela moviendo la capa interior y exterior de papel hacia delante y hacia atrás hasta que se forme una punta pequeña y afilada.

Doble dos veces las esquinas del extremo abierto hacia dentro para evitar que se deshaga (4-6).

Rellene el cono de papel con el chocolate atemperado (7) hasta la mitad; de lo contrario, se saldrá por la parte superior cuando lo apriete. Cierre la abertura superior doblando dos veces el lado del pliegue sobre el liso.

Con unas tijeras, córtele la punta (8). Ajuste su tamaño en función de las decoraciones que vaya a escudillar. Haga una abertura pequeña cuando dibuje líneas finas (9) y más grande cuando haga coberturas y rellenos.

1
2
3
4
5
6
7
8
9

Decorar bombones (continuación)

Se pueden conseguir otros tipos de decoración con los tenedores para bombones.

Cuando el bombón esté recubierto con el chocolate atemperado, presiónelo con un tenedor de púas rectas mientras se solidifica, pero antes de que se haya endurecido del todo (10-11). Para decorar trufas de chocolate, utilice un tenedor en espiral y proceda de la misma manera (12-13).

RECOMENDACIONES
Si no dispone de una manga pastelera o una jeringa de repostería, un cono de papel es perfecto para crear pequeñas decoraciones y letras. Para ello, apriete la parte superior con el pulgar mientras guía la punta con la otra mano para realizar la decoración que desee.

10

11

12

13

Pasta de modelar de chocolate

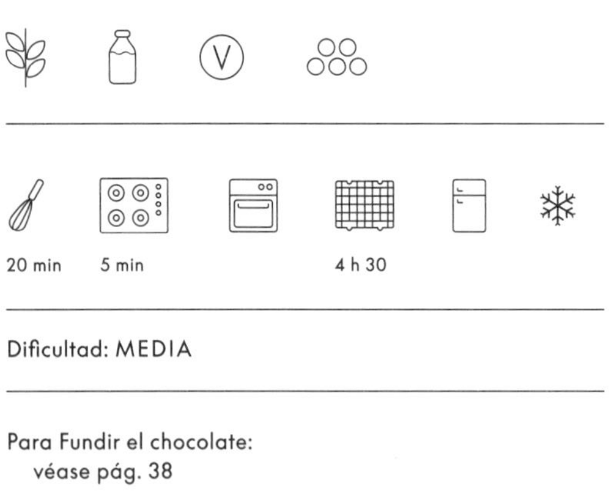

Dificultad: MEDIA

Para Fundir el chocolate:
véase pág. 38

PARA LA PASTA
250 g de chocolate negro, con leche, blanco o rosa fundidos
30 g (1½ cdas.) de miel de acacia
50 g de azúcar glas

(Para una versión sin lácteos, use chocolate negro con un mínimo de 50% de cacao y compruebe la etiqueta)

EQUIPAMIENTO NECESARIO
Bol grande
Espátula de silicona
Film transparente

Ponga el chocolate fundido en un bol. Añada la miel y una cucharada de agua templada y remuévalo bien con una espátula de silicona (1).

Añada poco a poco el azúcar, removiéndolo constantemente, hasta obtener una pasta fina (2).

Pásela a una superficie de trabajo o una tabla de mármol y amásela con las manos durante unos minutos (3).

Forme un disco, cúbralo con film transparente y déjelo reposar en el frigorífico 4 horas y, después, 30 minutos a temperatura ambiente. Si lo prefiere, déjelo a temperatura ambiente 12 horas.

Tome una porción de pasta del tamaño de una avellana y aplástela hasta obtener un disco fino (4). Enróllelo en forma de cilindro para crear el centro de una rosa (5).

Tome otra porción del mismo tamaño y dele forma de disco fino. Después, colóquelo como si fuera un pétalo alrededor del centro de la rosa (6).

Aplaste la parte superior del pétalo y dóblelo ligeramente hacia fuera (7). Continúe del mismo modo hasta obtener una rosa abierta (8).

VARIANTE
También puede hacerla con dos partes de chocolate por una de jarabe de glucosa. Funda el chocolate al baño maría hasta que esté a 40 °C, añada el jarabe de glucosa y amáselo sobre una superficie de trabajo. Cubra la pasta con film transparente y déjela reposar en el frigorífico 30 minutos antes de usarla.

1
2
3
4
5
6
7
8

Glaseado de chocolate con nata

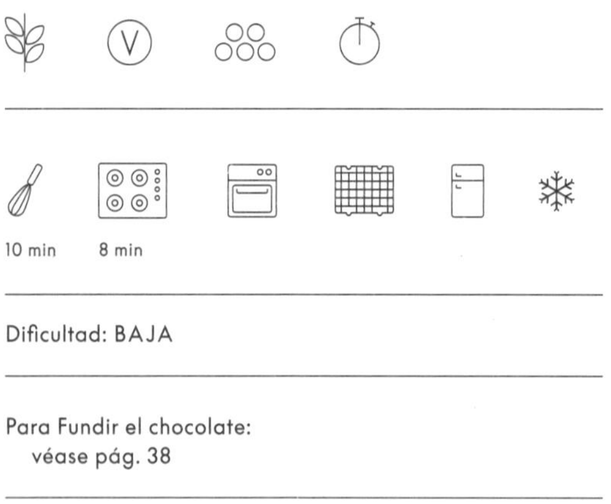

Dificultad: BAJA

Para Fundir el chocolate:
véase pág. 38

PARA EL GLASEADO
150 g de chocolate negro fundido
250 ml de nata para montar
60 g (3 cdas.) de miel de acacia
60 g de mantequilla a temperatura ambiente

EQUIPAMIENTO NECESARIO
Bol grande
Jarra medidora
Cazuela
Cucharón
Espátula de silicona
Termómetro de cocina
Batidora de mano

RECETAS EN LAS QUE SE EMPLEA
- Semifrío de chocolate con leche y nueces de macadamia (pág. 292)

Ponga el chocolate fundido en un bol. Vierta la nata en una cazuela y añada la miel (1). Caliéntelo a fuego medio y remuévalo hasta que la miel se haya disuelto y la mezcla empiece a hervir. Vierta un tercio en el bol del chocolate fundido y remuévalo con una espátula de silicona (2).

Añada el resto de la nata, en dos tandas, sin dejar de remover (3), hasta que alcance los 40 °C.

Corte la mantequilla en trozos pequeños, añádala a la mezcla (4) y bátala con una batidora de mano hasta obtener un glaseado fino (5).

CONSEJOS Y TRUCOS
Para aplicar un glaseado correctamente, coloque el pastel o la tarta en una rejilla sobre una bandeja de horno con borde forrada con papel vegetal. Vierta el glaseado, empezando por el centro y dirigiéndose gradualmente hacia los bordes. Cuando haya terminado, golpee la rejilla contra la bandeja para que gotee el exceso de glaseado.

1

2

3

4

5

Glaseado de chocolate con almíbar

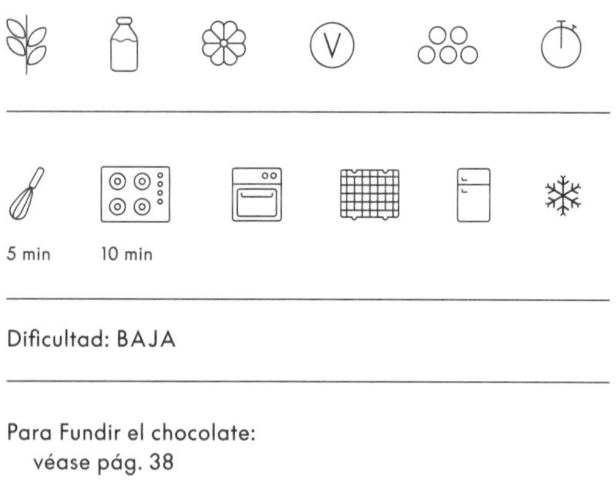

Dificultad: BAJA

Para Fundir el chocolate:
véase pág. 38

PARA EL GLASEADO
150 g de chocolate negro fundido
200 g de azúcar extrafino

(Para una versión vegana sin lácteos, use chocolate negro con un mínimo de 50% de cacao y compruebe la etiqueta)

EQUIPAMIENTO NECESARIO
Baño maría
Jarra medidora
Cazuela pequeña
Espátula de silicona
Cucharón

Mantenga el chocolate templado al baño maría (1).

Vierta 125 ml de agua en una cazuela, añada el azúcar y llévelo a ebullición 5 minutos, removiéndolo a menudo (2).

Vierta el almíbar caliente sobre el chocolate fundido en un hilo fino, removiéndolo constantemente con una espátula de silicona (3).

Siga removiéndolo hasta que el glaseado esté fino y brillante. Utilícelo de inmediato.

RECOMENDACIONES
Este tipo de glaseado se debe utilizar nada más prepararse, ya que se suele formar una piel en la superficie. Se utiliza sobre todo en la tarta Sacher y en los postres que necesitan una cobertura fina.

1

2

3

Ganache para bombones y trufas

Dificultad: BAJA

Para Fundir el chocolate: véase pág. 38

PARA LA GANACHE
350 g de chocolate negro al 70 %, 370 g de chocolate negro al 60 % o 450 g de chocolate con leche, blanco o rosa fundidos
250 ml de nata para montar
70 g de mantequilla

EQUIPAMIENTO NECESARIO
Bol grande
Jarra medidora
Cazuela pequeña
Cucharón
Espátula de silicona
Termómetro de cocina
Batidora de mano

RECETAS EN LAS QUE SE EMPLEA
- Tarta de chocolate y guindillas (pág. 142)
- Bombones de chocolate con naranja y cayena (pág. 208)
- Piruletas de chocolate rosa y ganache (pág. 212)
- Bombones de chocolate blanco con frambuesas (pág. 214)
- Bombones de crocante de sésamo y ganache (pág. 218)
- Copas de chocolate rellenas de ganache de menta (pág. 224)
- Trufas de praliné (pág. 228)
- Bombones de chocolate negro con ganache de chocolate blanco e hinojo (pág. 234)

Ponga el chocolate fundido en un bol. Coloque la nata en una cazuela y caliéntela a fuego medio hasta que rompa a hervir. Vierta un tercio de la nata sobre el chocolate fundido y remuévalo con una espátula de silicona (1).

Agregue el resto de la nata, en dos tandas, sin dejar de remover, hasta que la mezcla adquiera un aspecto brillante y alcance los 40 °C (2).

Corte la mantequilla en trozos pequeños, incorpórela a la mezcla hasta que se funda y bátala con una batidora de mano hasta obtener una *ganache* fina (3).

VARIANTE
Pique fino el chocolate y póngalo en un bol apto para microondas. Añada la nata y caliéntelo a la máxima potencia durante 1 minuto. Remuévalo hasta que el chocolate se funda y continúe como se indica arriba.

1

2

3

Ganache simple

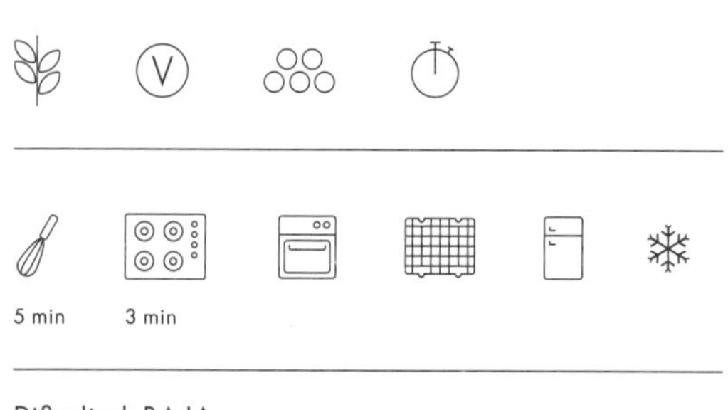

Dificultad: BAJA

PARA LA GANACHE
350 g de chocolate negro al 70% o 370 g de chocolate negro al 60% o 450 g de chocolate con leche, blanco o rosa
250 ml de nata para montar

EQUIPAMIENTO NECESARIO
Cuchillo de chef
Tabla de cortar
Bol grande
Jarra medidora
Cazuela pequeña
Espátula de silicona

RECETAS EN LAS QUE SE EMPLEA

- Tarta de tres chocolates (pág. 146)
- Macarons de chocolate gianduja (pág. 180)

Pique el chocolate fino y de manera uniforme y colóquelo en un bol. Ponga la nata en una cazuela y caliéntela a fuego medio hasta que esté justo por debajo del punto de ebullición. Viértala sobre el chocolate picado, poco a poco (1).

Con una espátula de silicona, remueva la *ganache* después de cada adición (2) hasta que esté brillante.

Siga removiéndola hasta que el chocolate se funda y la *ganache* esté fina (3).

RECOMENDACIONES
Con las cantidades de chocolate y de nata indicadas aquí, obtendrá una *ganache* espesa que solidificará muy rápido debido al alto porcentaje de chocolate. Para utilizarla como una cubierta, añada la misma cantidad de chocolate que de nata.

1

2

3

Ganache montada

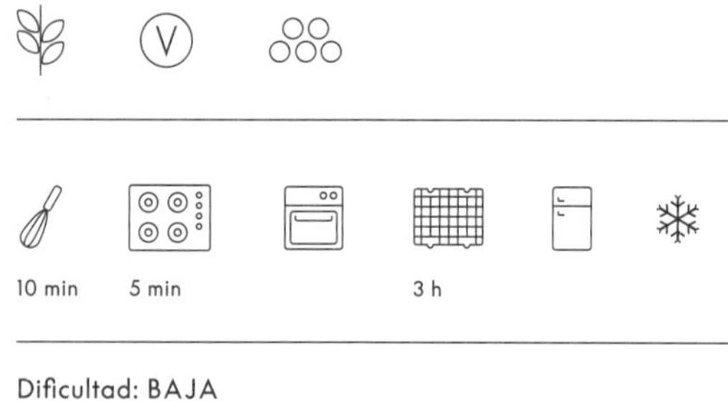

Dificultad: BAJA

PARA LA GANACHE
250 g de chocolate negro o con leche
250 ml de nata para montar

EQUIPAMIENTO NECESARIO
Cuchillo de chef
Tabla de cortar
Bol grande
Jarra medidora
Cazuela pequeña
Espátula de silicona
Varillas eléctricas

RECETAS EN LAS QUE SE EMPLEA
- Pavlova de chocolate (pág. 138)
- Pastel de chocolate negro y crema cocida (pág. 150)
- Cannoli de canela con ganache y granos de cacao (pág. 152)
- Tarta de dos chocolates, café y sauco (pág. 160)

Pique el chocolate fino y de manera uniforme y colóquelo en un bol. Ponga la nata en una cazuela y caliéntela a fuego medio hasta que esté justo por debajo del punto de ebullición. Viértala, en tres tandas iguales, sobre el chocolate picado. Con una espátula de silicona, remueva la *ganache* después de cada adición hasta que esté fina (1).

Deje que se enfríe y refrigérela 3 horas hasta que espese.

Bátala con unas varillas eléctricas (2), primero a velocidad media y luego alta hasta que quede esponjosa y tenga un color más claro (3).

Si la va a emplear como una cubierta, utilícela de inmediato, ya que tiende a endurecerse si se deja en el frigorífico.

VARIANTE
Puede aromatizar la *ganache* con licor de naranja o con una bebida alcohólica que vaya bien con el sabor del chocolate, como el ron o el jerez. Añada 50 ml (3 cucharadas) a la nata y el chocolate y remuévalo bien hasta que se incorpore.

1

2

3

Mousse de chocolate con huevos crudos

 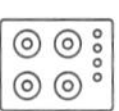   

20 min 5 min 12 h 24 h

Dificultad: BAJA

Para Fundir el chocolate:
véase pág. 38

PARA LA MOUSSE
300 g de chocolate negro al 70% o 390 g de chocolate con leche, blanco o rosa fundidos
1 hoja (3 g) de gelatina, si utiliza chocolate con leche, blanco o rosa
150 ml de nata para montar
3 yemas de huevo a temperatura ambiente
6 claras de huevo
50 g de azúcar extrafino

(Para una versión vegetariana, use chocolate negro)

EQUIPAMIENTO NECESARIO
Bol grande
Bol pequeño
Jarra medidora
Cazuela pequeña
Espátula de silicona
Colador
Varillas manuales
Batidora de mano
Varillas eléctricas

Ponga el chocolate fundido en un bol. Si utiliza chocolate con leche, blanco o rosa, sumerja la hoja de gelatina en un bol con agua fría 10 minutos hasta que esté rehidratada y blanda, asegurándose de que está totalmente sumergida en el agua.

Vierta la nata en una cazuela, caliéntela a fuego medio hasta que hierva y retírela del fuego. Si utiliza gelatina, escúrrala y estrújela con las manos para eliminar toda el agua posible. Añádala a la nata y remuévala hasta que se disuelva por completo.

Pase la nata por un colador y añada un tercio al chocolate fundido. Remuévalo con una espátula de silicona y agregue la nata restante, en dos tandas, removiéndolo constantemente.

Deje que la mezcla se enfríe a temperatura ambiente, bata las yemas con un tenedor y añádalas (1).

Remuévalo todo con unas varillas manuales (2) y bátalo después con una batidora de mano.

Con unas varillas eléctricas, monte las claras con el azúcar hasta formar picos suaves (3).

Añada un tercio de las claras montadas a la mezcla de chocolate, incorporándolas con suavidad con la ayuda de la espátula para que no pierdan aire (4).

Incorpore el resto de las claras montadas, en dos tandas, hasta que la *mousse* esté fina (5).

Refrigérela un mínimo de 12 horas antes de servirla y consérvela en el frigorífico 24 horas como máximo.

CONSEJOS Y TRUCOS
Si las yemas están a una temperatura inferior a la de la mezcla de chocolate, la *mousse* cuajará demasiado rápido y quedará grumosa. Saque los huevos del frigorífico 4 horas antes de utilizarlos como mínimo.

1

2

3

4

5

Mousse de chocolate con merengue italiano

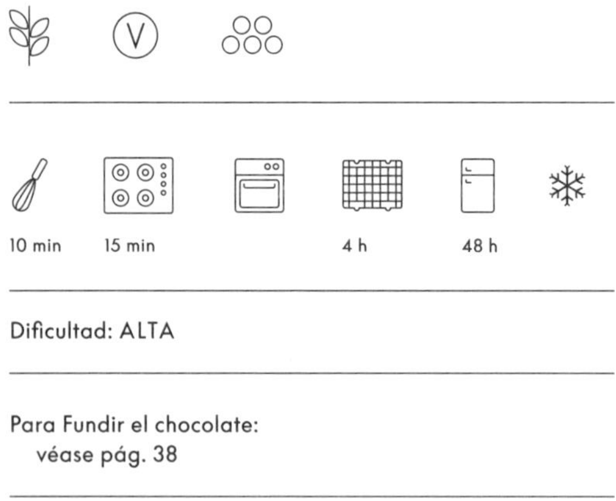

Dificultad: ALTA

Para Fundir el chocolate:
véase pág. 38

PARA LA MOUSSE
250 g de chocolate negro al 70%
10 g (2 cdtas.) de mantequilla
3 huevos a temperatura ambiente
50 g de azúcar extrafino

EQUIPAMIENTO NECESARIO
Cuchillo de chef
Tabla de cortar
Baño maría
Jarra medidora
Espátula de silicona
Bol grande
Varillas manuales
Cazo
Termómetro de cocina
Varillas eléctricas

RECETAS EN LAS QUE SE EMPLEA
- Carlota de chocolate con ron, plátano y coco (pág. 140)

Pique fino el chocolate negro y fúndalo al baño maría con 60 ml de agua (1).

Incorpore la mantequilla hasta que se funda por completo (2). Retírelo del baño maría y deje que la mezcla se enfríe a temperatura ambiente.

Separe las yemas de las claras y ponga las yemas en un bol. Bátalas con unas varillas manuales e incorpore el chocolate fundido (3).

Vuelva a poner la mezcla al baño maría y cuézala a fuego muy lento 3 minutos sin dejar de removerla con una espátula de silicona (4). Retírela del baño maría y deje que se enfríe a temperatura ambiente.

Vierta 60 ml de agua en un cazo, añada el azúcar y caliéntelo a fuego lento hasta que se disuelva. Súbalo a fuego medio y lleve el almíbar a una temperatura de 121 °C (5).

Mientras, bata las claras en un bol limpio y seco con unas varillas eléctricas a velocidad media hasta que se formen picos suaves. Cuando el almíbar esté listo, retírelo del fuego y viértalo muy despacio por las paredes del bol sobre las claras montadas, batiéndolas constantemente para incorporarlo (6).

Con la ayuda de la espátula, añada un tercio del merengue, procurando que no pierda aire (7-8). Agregue el merengue restante sin trabajar en exceso la preparación. Refrigérela un mínimo de 4 horas antes de servirla y consérvela en el frigorífico 24 horas como máximo.

ERRORES MÁS HABITUALES Y CÓMO EVITARLOS
Bata las claras con el almíbar caliente hasta que la mezcla se enfríe. Si las bate durante más tiempo, quedarán muy rígidas y será más difícil incorporarlas a la mezcla de chocolate.

1
2
3
4
5
6
7
8

Mousse de chocolate con agua

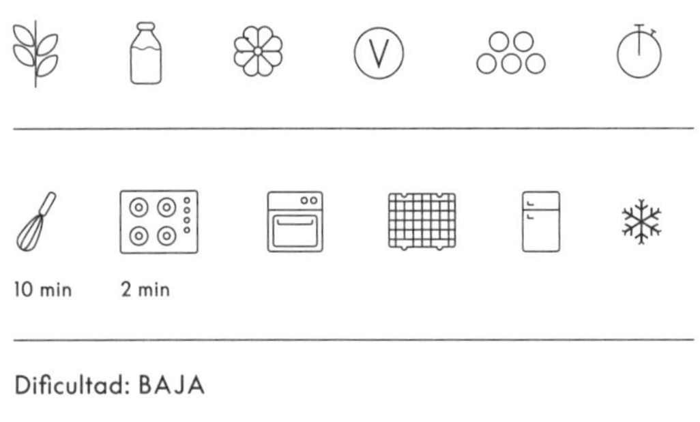

Dificultad: BAJA

PARA LA MOUSSE
350 g del chocolate que prefiera

(Para una versión vegana sin lácteos, use chocolate negro con un mínimo de 50 % de cacao y compruebe la etiqueta)

EQUIPAMIENTO NECESARIO
Cuchillo de chef
Tabla de cortar
Bol grande
Jarra medidora
Cazuela pequeña
Espátula de silicona
Baño maría frío
Varillas eléctricas

Pique el chocolate fino y de manera uniforme y colóquelo en un bol. Ponga 420 ml de agua en una cazuela y llévela a ebullición. Viértala sobre el chocolate picado, removiéndolo con una espátula de silicona, hasta obtener una mezcla fina (1). A continuación, colóquelo en un baño maría frío (2).

Siga removiéndolo con la espátula hasta que adquiera una consistencia cremosa (3).

Retírelo del baño maría frío y bátalo con unas varillas eléctricas hasta obtener una *mousse* esponjosa (4). Sírvala enseguida.

RECOMENDACIONES
Esta *mousse* es muy aromática, pero no se puede conservar. Se debe servir de inmediato tal cual o decorada con nata montada, si lo desea.

1

2

3

4

Mousse de chocolate sin huevo

Dificultad: BAJA

Para Fundir el chocolate:
véase pág. 38

PARA LA MOUSSE
150 g de chocolate negro al 60 % fundido
1 hoja (3 g) de gelatina
370 ml de nata para montar

EQUIPAMIENTO NECESARIO
Boles grandes
Jarra medidora
Cazo
Espátula de silicona
Colador
Termómetro de cocina
Varillas eléctricas

RECETAS EN LAS QUE SE EMPLEA
- Mousse de almendras con interior de chocolate con leche (pág. 260)

Ponga el chocolate fundido en un bol. Sumerja la hoja de gelatina en otro bol con agua fría 10 minutos hasta que esté rehidratada y blanda, asegurándose de que está totalmente sumergida en el agua.

Vierta 120 ml de la nata en un cazo y caliéntela a fuego medio hasta que hierva. Escurra la hoja de gelatina y estrújela con las manos para eliminar toda el agua posible. Añádala a la nata y caliéntela a fuego lento hasta que se disuelva por completo (1).

Pase un tercio de la nata con gelatina por un colador sobre el chocolate fundido, removiéndolo constantemente con una espátula de silicona (2). Pase la mezcla a un bol limpio y deje que se enfríe, comprobando la temperatura regularmente con un termómetro.

Mientras, bata el resto de la nata con unas varillas eléctricas hasta que esté firme pero fina. Cuando la mezcla de chocolate alcance los 35 °C, incorpórela despacio a la nata montada (3).

Refrigere la *mousse* un mínimo de 6 horas antes de servirla y resérvela en el frigorífico 24 horas como máximo.

CONSEJOS Y TRUCOS
Si lo prefiere, puede sustituir la gelatina de origen animal por 3 g de agar-agar. Añádalo a la nata fría, llévela a ebullición, remuévala con unas varillas manuales y cuézala a fuego muy lento durante 1 minuto aproximadamente. A continuación, agréguela al resto de la nata como se indica arriba.

1

2

3

Crema pastelera de chocolate

Dificultad: BAJA

Para Fundir el chocolate:
véase pág. 38

PARA LA CREMA

85 g de chocolate negro al 70% o 95 g de chocolate negro al 60% fundidos
2 yemas de huevo
30 g (2½ cdas.) de azúcar extrafino
10 g de almidón de arroz
220 ml de leche entera
50 ml de nata para montar
1 vaina de vainilla

EQUIPAMIENTO NECESARIO

Boles grandes
Varillas eléctricas
Varillas manuales
Jarra medidora
Cazo
Cuchillo puntilla
Cucharón
Espátula de silicona
Batidora de mano
Film transparente

Ponga el chocolate fundido en un bol. En otro, bata las yemas con el azúcar con unas varillas eléctricas hasta que estén pálidas y esponjosas; a continuación, añada el almidón de arroz con unas varillas manuales (1).

Vierta la leche y la nata en un cazo. Corte la vaina de vainilla por la mitad a lo largo con una puntilla, raspe las semillas y añádalas al cazo (2).

Caliente la mezcla de leche y nata hasta justo por debajo del punto de ebullición y viértala en la mezcla de yemas sin dejar de removerla con unas varillas manuales (3).

Pase la crema pastelera al cazo y cuézala a fuego lento, removiéndola constantemente, hasta que empiece a hervir y espese (4).

Agregue la crema pastelera al chocolate fundido en tres tandas, iguales removiéndola con una espátula de silicona (5).

Bátala con una batidora de mano hasta que esté fina y cúbrala con film transparente, asegurándose de que toque la superficie de la crema para evitar que se forme una piel. Deje que se enfríe antes de usarla y resérvela en el frigorífico 24 horas como máximo.

CONSEJOS Y TRUCOS

Puede que incluso, aunque cubra la crema pastelera con film transparente a piel, se formen grumos pequeños. En ese caso, bátala unos segundos más con una batidora de mano hasta que vuelva a estar fina.

1

2

3

4

5

Cremoso de chocolate

 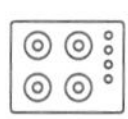    

20 min | 10 min | 12 h | 48 h

Dificultad: BAJA

Para Fundir el chocolate:
véase pág. 38

PARA EL CREMOSO
190 g de chocolate negro al 70%, 210 g de chocolate negro al 60%, 250 g de chocolate con leche o 225 g de chocolate blanco o rosa fundidos
2 hojas (6 g) de gelatina
5 yemas de huevo
50 g de azúcar extrafino
500 ml de leche entera

EQUIPAMIENTO NECESARIO
Baño maría
Boles grandes
Varillas manuales o eléctricas
Jarra medidora
Cazuela pequeña
Termómetro de cocina
Cucharón
Batidora de mano
Espátula de silicona
Film transparente

RECETAS EN LAS QUE SE EMPLEA
- Tarta de dos chocolates, café y sauco (pág. 160)

Mantenga el chocolate templado al baño maría. Sumerja las hojas de gelatina en un bol con agua fría 10 minutos hasta que estén rehidratadas y blandas, asegurándose de que están totalmente sumergidas en el agua. En otro bol, bata las yemas con el azúcar con unas varillas manuales o eléctricas (1).

Vierta la leche en una cazuela y caliéntela a fuego medio sin que llegue a hervir. Añádala a la mezcla de yemas y cueza la crema inglesa, removiéndola, al baño maría hasta que alcance los 85 °C o espese lo suficiente para cubrir el dorso de una cuchara (2).

Escurra las hojas de gelatina y estrújelas con las manos para eliminar toda el agua posible. Añádalas a la crema inglesa y remuévala hasta que se disuelvan por completo (3).

Pase la crema inglesa a un bol limpio y bátala con una batidora de mano. Agréguela al chocolate fundido, en tres tandas iguales (4), removiéndola con una espátula de silicona con movimientos circulares por el centro del bol.

Vuelva a batirla con la batidora de mano hasta que quede espesa y fina (5).

Cubra el cremoso con film transparente asegurándose de que toque la superficie de la preparación para evitar que se forme una piel. Deje que se enfríe (6).

Refrigérelo un mínimo de 12 horas antes de utilizarlo y resérvelo 48 horas como máximo.

CONSEJOS Y TRUCOS
También puede cocer la crema inglesa en el fuego directamente en vez de al baño maría. En ese caso, no debe llegar a hervir y tendrá que vigilarla bien hasta que llegue a los 85 °C. Aunque este método es más rápido, requiere más cuidado y atención.

1
2
3
4
5
6

Pasta bomba de chocolate

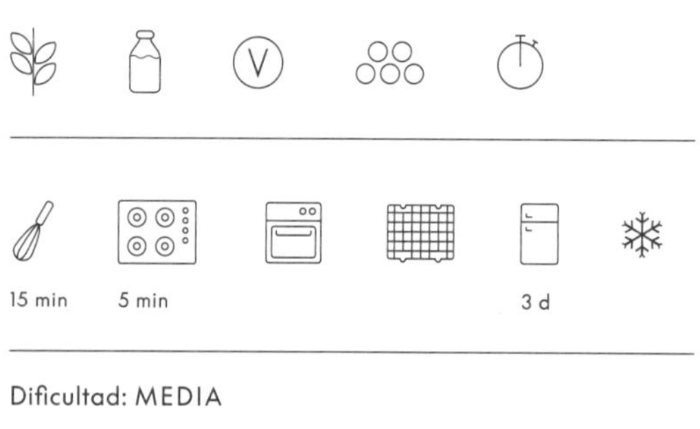

Dificultad: MEDIA

PARA LA PASTA BOMBA
5 yemas de huevo
50 g de azúcar extrafino
240 g de chocolate negro al 70%
110 ml de agua hirviendo

EQUIPAMIENTO NECESARIO
Baño maría
Varillas manuales
Termómetro de cocina
Boles grandes
Varillas eléctricas
Cuchillo de chef
Tabla de cortar
Jarra medidora
Espátula de silicona
Batidora de mano

RECETAS EN LAS QUE SE EMPLEA
- Semifrío de chai y chocolate con leche (pág. 276)
- Semifrío de chocolate rosa y ciruelas asadas (pág. 288)

Ponga las yemas en un bol al baño maría, añada el azúcar y bátalas con unas varillas manuales (1). Caliente la mezcla hasta que alcance los 60 °C, pásela a otro bol y bátala con unas varillas eléctricas hasta que esté a 25 °C (2).

Pique fino el chocolate y colóquelo en otro bol. Vierta el agua hirviendo y remuévalo con una espátula de silicona hasta que se funda (3).

Bátalo con una batidora de mano (4) y remuévalo constantemente hasta que la temperatura baje a 40 °C.

Incorpórelo a la mezcla de yemas batidas (5).

RECOMENDACIONES
La pasta bomba se suele utilizar en la pastelería tradicional como base para elaborar diversos postres de cuchara, como las *mousses*, los semifríos y los *parfaits*. Cueza las yemas para evitar los riesgos asociados al consumo de huevos crudos.

1

2

3

4

5

RECETAS

BIZCOCHOS SENCILLOS Y TARTAS

BIZCOCHO DE GIANDUJA

Torta gianduia

Dificultad: BAJA

Para Fundir el chocolate:
véase pág. 38

PARA 8 PERSONAS

PARA EL BIZCOCHO
200 g de chocolate negro al 60 %
200 g de avellanas tostadas
200 g de azúcar extrafino
200 g de mantequilla a temperatura ambiente
4 huevos
20 g de harina de fuerza o común
1 pizca de sal
1 cdta. de zumo de limón
Cacao amargo en polvo, para espolvorear
Avellanas picadas, para decorar

EQUIPAMIENTO NECESARIO
Molde redondo desmontable de 18 cm
Papel vegetal
Cuchillo de chef
Tabla de cortar
Baño maría
Robot de cocina
Boles grandes
Varillas eléctricas
Colador
Espátula de silicona
Rejilla de enfriamiento
Colador de malla fina

Precaliente el horno a 190 °C/170 °C con ventilador y forre el molde con papel vegetal.

Pique fino el chocolate y fúndalo al baño maría. Triture las avellanas con 50 g del azúcar en un robot de cocina hasta obtener un polvo fino.

Ponga la mantequilla en un bol con el resto del azúcar y bátala con unas varillas eléctricas hasta que esté pálida y esponjosa. Separe las claras de las yemas y añada las yemas, de una en una, alternándolas con una cucharada de la harina tamizada. Agregue la harina restante, una pizca de sal, las avellanas molidas y el chocolate fundido y remuévalo con una espátula de silicona.

Ponga las claras en un bol sin grasa y vierta el zumo de limón. Bátalas con unas varillas eléctricas hasta que se formen picos suaves e incorpórelas despacio con la espátula.

Vierta la masa en el molde de manera uniforme y hornéela 20 minutos. Baje la temperatura a 180 °C/160 °C con ventilador y déjela 30 minutos más. Sáquela del horno y déjela reposar 10 minutos. Desmóldela y deje que se enfríe por completo sobre una rejilla. Sirva el bizcocho frío espolvoreado con cacao en polvo y adornado con unas avellanas, al gusto.

CONSEJOS Y TRUCOS

Si añade azúcar a las avellanas antes de triturarlas evitará que se transformen en una pasta, porque absorberá el aceite que sueltan los frutos secos.

TARTA DE CHOCOLATE Y AGUACATE

Crostata con frolla all'avocado e crema al cioccolato

Dificultad: MEDIA

PARA 6-8 PERSONAS

PARA LA BASE
100 g de aguacate muy maduro
230 g de harina de fuerza o común, y un poco más para espolvorear
1 cdta. de levadura en polvo
70 g de cacao amargo en polvo
80 g de azúcar extrafino
1 pizca de sal

PARA LA CREMA
2 yemas de huevo
50 g de azúcar extrafino
10 g (4 cdtas.) de harina de fuerza o común
10 g de almidón de arroz
250 ml de leche entera
120 ml de nata para montar
1 cdta. rasa de canela molida
200 g de chocolate negro al 70%

PARA DECORAR
Azúcar glas

EQUIPAMIENTO NECESARIO
Boles grandes
Batidora de mano
Robot de cocina
Colador
Film transparente
Varillas eléctricas
Espátula de silicona
Jarra medidora
Cazuela
Varillas manuales
Cuchillo de chef
Tabla de cortar
Rodillo de pastelería
Molde redondo para tartas de 18 cm
Espátula acodada
Rejilla de enfriamiento
Colador de malla fina

Precaliente el horno a 180 °C/160 °C con ventilador.

Ponga el aguacate en un bol y tritúrelo con una batidora de mano hasta que tenga una consistencia cremosa. Páselo a un robot de cocina, añada la harina tamizada, la levadura en polvo, el cacao en polvo, el azúcar y una pizca de sal y bátalo hasta que la masa se pegue a las cuchillas. Forme un disco con la masa, aplástelo, cúbralo con film transparente y déjelo reposar en el frigorífico 30 minutos.

Para preparar la crema, ponga las yemas y el azúcar en un bol y bátalas con unas varillas eléctricas hasta que estén pálidas y esponjosas. Añada la harina tamizada y el almidón de arroz y remuévalo con una espátula de silicona. Vierta la leche y la nata en una cazuela, añada la canela y caliéntelo. Agregue la leche templada en la mezcla de huevo y harina, removiéndola constantemente con unas varillas manuales para incorporarla. Pásela a la cazuela y cuézala a fuego lento, removiéndola a menudo, hasta que espese.

Pique fino el chocolate y añádalo, removiéndolo hasta que se derrita, después bátalo con una batidora de mano hasta que tenga una consistencia fina. Vierta la crema en un bol y cúbrala con film transparente, asegurándose de que toque la superficie de la crema para evitar que se forme una piel. Deje que se enfríe.

Espolvoree ligeramente una superficie de trabajo limpia con harina y extienda la masa hasta que tenga un grosor de 3 mm. Pásela al molde para tartas. Fórrelo con la masa, presionándola sobre la base y los lados y recortando el exceso con un cuchillo pequeño y afilado. Pinche la base con un tenedor, vierta la crema y nivélela con una espátula acodada. Forme una bola con la masa sobrante, extiéndala con un rodillo hasta que tenga un grosor de 3 mm y córtela en tiras de 2 cm de ancho. Colóquelas encima de la crema formando un enrejado y fíjelas al borde de la tarta.

Hornéela en la parte baja del horno 45 minutos. Sáquela del horno y déjela reposar 10 minutos. Desmóldela y deje que se enfríe sobre una rejilla. Espolvoréela con azúcar glas, si lo desea, y sírvala.

BROWNIES DE CHOCOLATE Y JENGIBRE

Tortine brownie allo zenzero

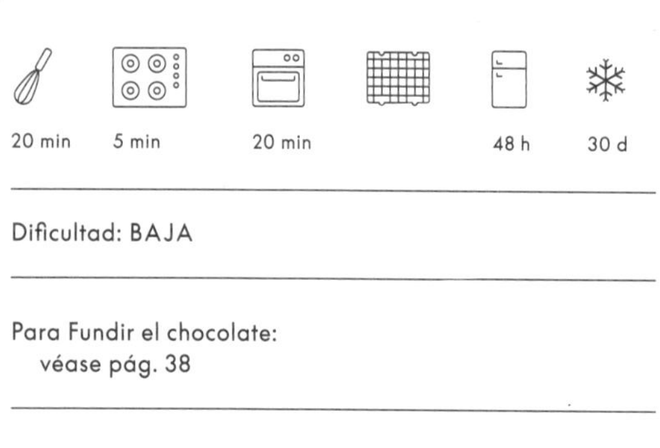

Dificultad: BAJA

Para Fundir el chocolate:
véase pág. 38

PARA 6 PERSONAS

PARA LOS BROWNIES
170 g de mantequilla a temperatura ambiente, y un poco más para engrasar
80 g de harina de fuerza o común, y un poco más para espolvorear
220 g de chocolate negro al 70%
120 g de azúcar extrafino
3 huevos
1 pizca de sal
50 g de jengibre confitado en dados pequeños
Cacao amargo en polvo, para espolvorear

EQUIPAMIENTO NECESARIO
6 moldes para tartaletas redondos de borde liso de 8 cm
Colador
Cuchillo de chef
Tabla de cortar
Baño maría
Bol grande
Varillas manuales
Espátula de silicona
Rejilla de enfriamiento
Colador de malla fina

Precaliente el horno a 180 °C/160 °C con ventilador. Engrase los moldes con mantequilla y espolvoréelos con harina.

Pique fino el chocolate y póngalo en un bol al baño maría. Añada la mantequilla y el azúcar y caliéntelo despacio, removiéndolo a menudo, hasta que el chocolate se funda y los ingredientes se hayan mezclado. Retírelo del baño maría y deje que se enfríe.

Casque los huevos en un bol y bátalos ligeramente con unas varillas manuales, añádalos a la mezcla de chocolate y remuévala con una espátula de silicona. Agregue la harina tamizada, una pizca de sal y 30 g del jengibre confitado y remuévala.

Vierta esta masa en los moldes y hornéelos 20 minutos hasta que se forme una costra en la superficie. Saque los *brownies* del horno y déjelos enfriar en los moldes. Páselos a una rejilla y espolvoréelos con cacao en polvo. Decórelos con el jengibre restante, al gusto.

ERRORES MÁS HABITUALES Y CÓMO EVITARLOS

Es fundamental vigilar muy bien los *brownies* mientras se hornean porque la temperatura puede variar de un horno a otro. Deben quedar blandos; si se cuecen demasiado, estarán duros. Aunque se endurecerán al enfriarse, seguirán estando blandos al comerlos.

BUNDT CAKE MARMOLEADO CON GLASEADO DE GIANDUJA

Ciambella marmorizzata con glassa al gianduia

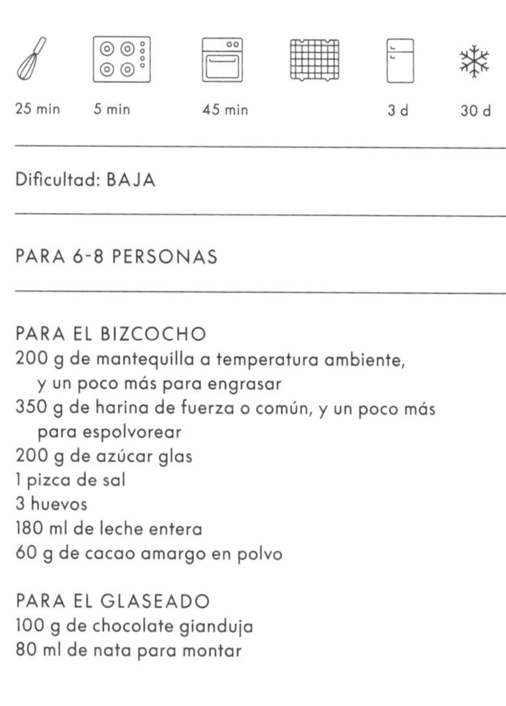

Dificultad: BAJA

PARA 6-8 PERSONAS

PARA EL BIZCOCHO
200 g de mantequilla a temperatura ambiente, y un poco más para engrasar
350 g de harina de fuerza o común, y un poco más para espolvorear
200 g de azúcar glas
1 pizca de sal
3 huevos
180 ml de leche entera
60 g de cacao amargo en polvo

PARA EL GLASEADO
100 g de chocolate gianduja
80 ml de nata para montar

EQUIPAMIENTO NECESARIO
Molde redondo bundt de 20 cm
Colador
Boles grandes
Varillas manuales o eléctricas
Espátula de silicona
Jarra medidora
Rejilla de enfriamiento
Cuchillo de chef
Tabla de cortar
Cazuela

Precaliente el horno a 180 °C/160 °C con ventilador. Engrase el molde *bundt* con mantequilla y espolvoréelo con harina.

Ponga la mantequilla en un bol con el azúcar glas y una pizca de sal. Bátala con unas varillas manuales o eléctricas hasta que quede esponjosa y cremosa. Añada los huevos, de uno en uno, alternándolos con una cucharada de la harina tamizada. Incorpore el resto de la harina y la leche y remueva. Divida la masa en dos partes iguales y colóquelas en boles separados. Añada el cacao en polvo tamizado a uno de los boles y remueva hasta que se integre bien.

Rellene el molde *bundt* con una cucharada de cada tipo de masa, alternándolas. Hornéelo unos 45 minutos hasta que se dore, suba y esté tierno. Dele la vuelta sobre una rejilla y deje que se enfríe por completo.

Para preparar el glaseado, pique fino el chocolate. Vierta la nata en una cazuela y caliéntela a fuego medio sin que llegue a hervir. Retírela del fuego, añada el chocolate y remueva hasta que se funda. Deje que se enfríe, viértalo sobre el pastel y sírvalo.

CONSEJOS Y TRUCOS
Para dividir la masa en partes iguales, tome dos boles idénticos, péselos, llénelos con la masa y vuelva a pesarlos. Ajuste todas las cantidades hasta que pesen lo mismo.

PUDIN DE PAN Y CHOCOLATE

Pudding di pane e cioccolato

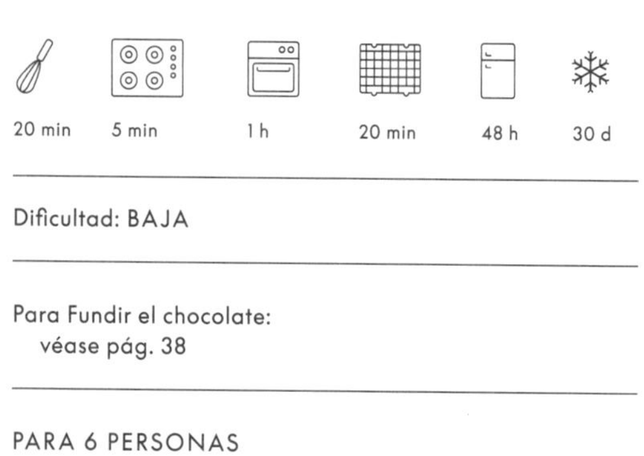

Dificultad: BAJA

Para Fundir el chocolate:
véase pág. 38

PARA 6 PERSONAS

PARA EL PUDIN
100 g de chocolate negro al 70%
40 ml de leche entera
120 g de mantequilla a temperatura ambiente
100 g de azúcar extrafino
1 huevo
80 g de harina de fuerza o común
½ cdta. de levadura en polvo
80 g de pan recién rallado
1 pizca de sal
Azúcar glas, para espolvorear
Helado de vainilla, para servir

EQUIPAMIENTO NECESARIO
Cuchillo de chef
Tabla de cortar
Baño maría
Boles grandes
Varillas manuales
Espátula de silicona
Colador
Varillas eléctricas
Molde para pudin de 1 litro
Papel de aluminio
Vaporera o bandeja de horno honda
Colador de malla fina

Precaliente el horno (si utiliza) a 150 °C/130 °C con ventilador.

Pique fino el chocolate y póngalo en un bol al baño maría. Añada la leche y caliéntelo despacio, removiéndolo de vez en cuando, hasta que se funda. Retírelo del fuego y deje que se enfríe. En otro bol, bata con unas varillas manuales 100 g de la mantequilla con el azúcar extrafino hasta que esté suave y esponjosa. A continuación, mézclela con el chocolate frío.

Separe la clara de la yema y ponga la clara en un bol limpio y sin grasa; resérvela. Incorpore la yema a la mezcla de chocolate y agregue la harina tamizada, la levadura en polvo, el pan rallado y una pizca de sal. Remuévala con una espátula de silicona. Bata la clara con unas varillas eléctricas hasta que se formen picos suaves e incorpórela despacio con la espátula.

Engrase el molde para pudin con la mantequilla restante, rellénelo con la masa y cúbralo con papel de aluminio. Cuézalo al vapor en el horno precalentado, o al baño maría, durante 1 hora aproximadamente.

Para comprobar si está listo, introduzca un palillo en el centro; si sale limpio y seco, sáquelo del horno. Déjelo reposar 20 minutos y desmóldelo en un plato. Sírvalo templado espolvoreado con azúcar glas y acompañado de un helado de vainilla.

CONSEJOS Y TRUCOS
La cocción al vapor o al baño maría le confiere al pudin una consistencia blanda y húmeda. Si sobra, caliéntelo ligeramente antes de servirlo.

BUNDT CAKE DE CHOCOLATE BLANCO, LIMA Y COCO

Ciambella al cioccolato bianco, lima e cocco

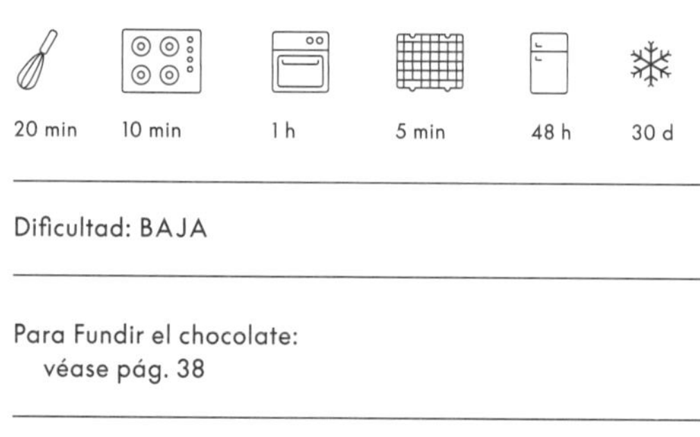

Dificultad: BAJA

Para Fundir el chocolate:
véase pág. 38

PARA 6-8 PERSONAS

PARA EL BIZCOCHO

120 g de mantequilla a temperatura ambiente, y un poco más para engrasar
320 g de harina de fuerza o común, y un poco más para espolvorear
200 g de chocolate blanco
240 ml de leche de coco
La ralladura de 2 limas (sin cera)
4 claras de huevo
1 pizca de sal
2 cdtas. rasas de levadura en polvo
120 g de azúcar extrafino

PARA DECORAR

50 g de chocolate blanco
30 g de coco fresco
La ralladura de 1 lima (sin cera)

EQUIPAMIENTO NECESARIO

Molde redondo bundt de 20 cm
Colador
Cuchillo de chef
Tabla de cortar
Boles grandes
Jarra medidora
Cazuela pequeña
Rallador
Espátula de silicona
Robot de cocina
Rejilla de enfriamiento
Baño maría
Rallador con orificios grandes

Precaliente el horno a 180 °C/160 °C con ventilador. Engrase el molde *bundt* con mantequilla y espolvoréelo con harina.

Pique fino el chocolate y colóquelo en un bol. Vierta la leche de coco en una cazuela, añada la ralladura de lima y caliéntela a fuego medio hasta que hierva. Retírela del fuego y viértala sobre el chocolate mientras lo remueve con una espátula de silicona hasta que se funda por completo. Déjelo reposar 5 minutos.

Mientras, bata ligeramente las claras con un tenedor. Añádalas, junto con una pizca de sal, a la mezcla de chocolate y coco, y remuévala. Corte la mantequilla en dados pequeños. Coloque la harina tamizada, la levadura en polvo, el azúcar y la mantequilla en un robot de cocina y bátalo hasta que la mezcla parezca un pan rallado fino.

Con el robot en marcha, añada la mezcla de chocolate y coco y siga batiéndolo 2 o 3 minutos hasta obtener una mezcla fina. Viértala en el molde *bundt* y hornee el bizcocho 1 hora hasta que se dore, suba y esté tierno. Dele la vuelta sobre una rejilla y deje que se enfríe por completo.

Para decorarlo, pique fino el chocolate blanco y fúndalo al baño maría. Con la ayuda de una cuchara, rocíelo formando líneas paralelas a lo ancho. Con un rallador, ralle grueso el coco y espárzalo por encima. Termine con un poco de ralladura de lima.

CONSEJOS Y TRUCOS

Para decorarlo de forma más uniforme, llene un biberón de salsas o una manga pastelera provista de una boquilla pequeña lisa con el chocolate blanco fundido.

BIZCOCHO HÚMEDO DE CASTAÑAS Y CHOCOLATE

Dolce morbido di castagne e cioccolato

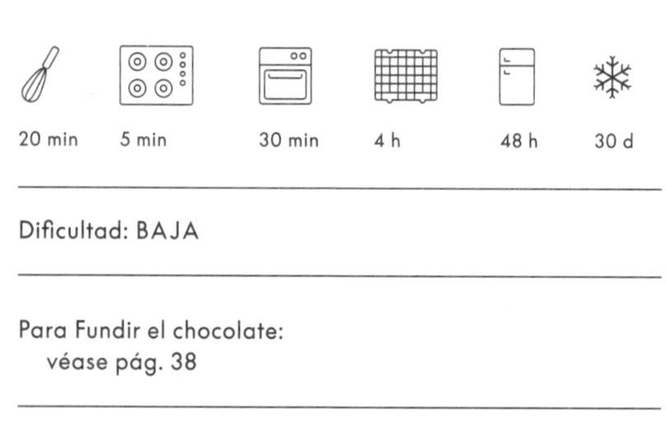

20 min | 5 min | 30 min | 4 h | 48 h | 30 d

Dificultad: BAJA

Para Fundir el chocolate:
véase pág. 38

PARA 6-8 PERSONAS

PARA EL BIZCOCHO
250 g de crema de castañas
80 ml de leche entera
180 g de mantequilla a temperatura ambiente
140 g de chocolate con leche
3 huevos
30 g (2½ cdas.) de azúcar extrafino
1 pizca de sal
30 g de harina de fuerza o común
Cacao amargo en polvo, para espolvorear

EQUIPAMIENTO NECESARIO
Molde redondo desmontable de 20 cm
Papel vegetal
Jarra medidora
Cazuela
Espátula de silicona
Cuchillo de chef
Tabla de cortar
Baño maría
Boles grandes
Varillas eléctricas
Colador
Colador de malla fina
Pelador de verduras

Precaliente el horno a 180 °C/160 °C con ventilador y forre el molde con papel vegetal.

Ponga la crema de castañas y la leche en una cazuela, mézclelas y caliéntelas a fuego muy lento, removiéndolas a menudo con una espátula de silicona. Corte la mantequilla en dados pequeños y pique finos 120 g del chocolate. Funda el chocolate con la mantequilla al baño maría y remuévalo hasta que esté cremoso.

Separe las claras de las yemas y, con unas varillas eléctricas, bata las yemas con el azúcar y una pizca de sal hasta que estén pálidas y esponjosas. Añada la mezcla de mantequilla y chocolate fundido, la leche de castañas caliente y la harina tamizada y bátalo todo hasta que se integre.

Bata las claras hasta que se formen picos suaves e incorpórelas despacio. Vierta la masa en el molde y hornee el bizcocho 30 minutos. Sáquelo del horno y deje que se enfríe en el molde. A continuación, páselo con cuidado a un plato y refrigérelo 4 horas.

Justo antes de servir, espolvoréelo con cacao en polvo y, si lo desea, ralle el chocolate restante con un pelador de verduras y decórelo con los rizos de chocolate.

VARIANTE
Si lo prefiere, en vez de la crema de castañas, utilice la misma cantidad de castañas cocidas, tritúrelas con un robot de cocina y diluya el puré con leche templada hasta obtener una consistencia cremosa, parecida a la de la mermelada. En ese caso, aumente la cantidad de azúcar a 80 g.

TORTA CAPRESE (SIN HARINA) CON PISTACHOS

Caprese ai pistacchi

 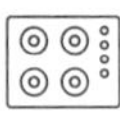  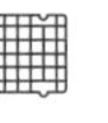 

20 min 5 min 35 min 10 min 48 h 30 d

Dificultad: BAJA

Para Fundir el chocolate:
véase pág. 38

PARA 8 PERSONAS

PARA EL BIZCOCHO
120 g de mantequilla a temperatura ambiente
120 g de chocolate negro al 60%
140 g de pistachos sin cáscara y pelados
20 g de fécula de patata
4 huevos
100 g de azúcar glas
15 g (1 cda. colmada) de cacao amargo en polvo
1 pizca de sal

EQUIPAMIENTO NECESARIO
Fuente de horno cuadrada de 23 cm
Papel vegetal
Cuchillo de chef
Tabla de cortar
Baño maría
Robot de cocina
Boles grandes
Varillas eléctricas
Colador
Espátula de silicona
Rejilla de enfriamiento

Precaliente el horno a 180 °C/160 °C con ventilador y forre la fuente con papel vegetal.

Corte la mantequilla en dados pequeños y pique fino el chocolate. Funda el chocolate con la mantequilla al baño maría. Ponga 120 g de los pistachos en un robot de cocina, añada la fécula de patata y tritúrelos finos.

Separe las claras de las yemas y, con unas varillas eléctricas, bata las yemas con la mitad del azúcar hasta que estén pálidas y esponjosas. Añada el cacao en polvo tamizado, una pizca de sal, los pistachos triturados y la mezcla de chocolate con mantequilla y remuévalo con una espátula de silicona.

Bata las claras con el azúcar restante hasta que se formen picos suaves e incorpórelas despacio. Vierta la mezcla en la fuente y hornee la torta en la parte central del horno unos 35 minutos. Sáquela del horno y deje que se enfríe en la fuente 10 minutos. Dele la vuelta sobre una rejilla y deje que se enfríe por completo.

Ponga los pistachos restantes en el robot de cocina, tritúrelos finos y espolvoréelos por encima.

VARIANTE
Si prefiere que sepa más a chocolate, utilice chocolate negro al 72%.

BIZCOCHO HÚMEDO DE CHOCOLATE Y NARANJA

Torta morbida al profumo di arancia

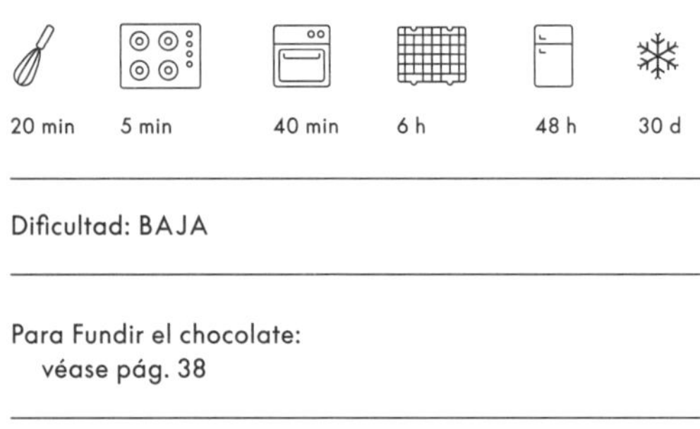

Dificultad: BAJA

Para Fundir el chocolate:
véase pág. 38

PARA 8 PERSONAS

PARA EL BIZCOCHO
100 g de mantequilla a temperatura ambiente
200 g de chocolate negro al 80%
4 huevos a temperatura ambiente
100 g de azúcar extrafino
1 pizca de sal
La ralladura de 1 naranja (sin cera)
Cacao amargo en polvo, para espolvorear
40 g de piel de naranja confitada

EQUIPAMIENTO NECESARIO
Molde para pan de 23 × 8 cm
Papel vegetal
Cuchillo de chef
Tabla de cortar
Baño maría
Boles grandes
Varillas eléctricas
Rallador
Espátula de silicona
Colador de malla fina

Precaliente el horno a 160 °C/140 °C con ventilador y forre el molde para pan con papel vegetal.

Corte la mantequilla en dados pequeños y pique fino el chocolate. Funda el chocolate con la mantequilla al baño maría. Deje que se enfríe a temperatura ambiente.

Separe las claras de las yemas y, con unas varillas eléctricas, bata las yemas con la mitad del azúcar hasta que estén pálidas y esponjosas. Añada una pizca de sal, el chocolate frío y la ralladura de naranja y remuévalo con una espátula de silicona.

Bata las claras con el azúcar restante hasta que se formen picos suaves e incorpórelas despacio.

Vierta la masa en el molde para pan y hornee el bizcocho 40 minutos. Sáquelo del horno, deje que se enfríe en el molde y refrigérelo 6 horas como mínimo.

Cuando lo vaya a servir, páselo a un plato, espolvoréelo con cacao en polvo y decórelo con piel de naranja confitada cortada en tiras finas.

CONSEJOS Y TRUCOS

Al hornearlo, se formará una corteza fina y crujiente en la parte superior que le dará textura. Si prefiere un bizcocho más húmedo, puede retirarla cuando se haya enfriado.

MUG CAKES DE CHOCOLATE

Torta in tazza al cioccolato

 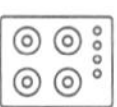  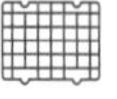 

10 min 2 min

Dificultad: BAJA

PARA 4 PERSONAS

PARA LOS BIZCOCHOS
1 vaina de vainilla
100 g de harina de fuerza o común
60 g de cacao amargo en polvo
120 g de azúcar extrafino
4 huevos
200 ml de leche entera
160 ml de aceite de girasol
1 pizca de sal
160 g de chocolate con leche
Azúcar glas, para espolvorear

EQUIPAMIENTO NECESARIO
Cuchillo puntilla
Colador
Bol grande
Varillas manuales o eléctricas
Jarra medidora
Cuchillo de chef
Tabla de cortar
4 tazas de 200 ml de capacidad
Horno microondas
Colador de malla fina

Con una puntilla, corte la vaina de vainilla a lo largo y raspe las semillas. Tamice la harina con el cacao en polvo sobre un bol, añada las semillas de vainilla y el azúcar y remuévalo con unas varillas manuales o eléctricas. Agregue los huevos, la leche, el aceite y una pizca de sal y bátalo hasta obtener una mezcla fina.

Pique fino el chocolate, incorpórelo y divida la masa de bizcocho en partes iguales entre las cuatro tazas. Caliéntelas en el microondas a máxima potencia 2 minutos. Retírelas del microondas y déjelas enfriar. Espolvoréelas con azúcar glas y sírvalas.

VARIANTE
Si le gustan los pistachos o las avellanas, vierta la mitad de la masa en la taza y añada una cucharadita de pasta de pistachos o avellanas sin azúcar en el centro, rellénela con la masa restante y cuézala según las instrucciones.

BIZCOCHO DE CHOCOLATE, CERVEZA Y NARANJA

Torta di cioccolato alla birra e arancia

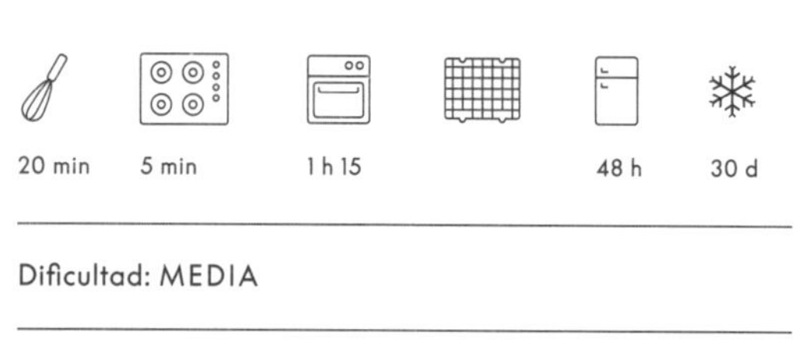

Dificultad: MEDIA

PARA 6-8 PERSONAS

PARA EL BIZCOCHO
60 g de chocolate negro al 60%
120 g de mantequilla
170 ml de cerveza negra
La ralladura de 1 naranja (sin cera)
2 huevos grandes
60 g de crema agria
1 pizca de sal
200 g de harina de fuerza o común
40 g de cacao amargo en polvo
1 cdta. de bicarbonato de sodio
50 g de azúcar extrafino

PARA DECORAR
250 ml de nata para montar
30 g de azúcar glas
Cacao amargo en polvo, para espolvorear
40 g de piel de naranja confitada

EQUIPAMIENTO NECESARIO
Molde redondo desmontable de 18 cm
Papel vegetal
Cuchillo de chef
Tabla de cortar
Boles grandes
Jarra medidora
Cazuela
Rallador
Espátula de silicona
Varillas manuales
Colador
Varillas eléctricas

Precaliente el horno a 180 °C/160 °C con ventilador y forre el molde con papel vegetal.

Pique fino el chocolate y póngalo en un bol. Corte la mantequilla en dados pequeños. Vierta la cerveza en una cazuela, añada la mantequilla y la ralladura de naranja y llévelo a ebullición. Retírelo del fuego y rocíelo sobre el chocolate, removiéndolo constantemente con una espátula hasta que se funda y se incorpore por completo.

Deje que la mezcla se enfríe a temperatura ambiente. Bata los huevos, añádalos a la mezcla fría con la crema agria y una pizca de sal y remuévalo con unas varillas manuales. En otro bol, mezcle la harina tamizada, el cacao en polvo, el bicarbonato y el azúcar. Agregue la mezcla líquida, batiéndola con unas varillas para evitar que se formen grumos.

Vierta la masa en el molde y hornee el bizcocho durante 1 hora y 15 minutos. Sáquelo del horno y deje que se enfríe en el molde. A continuación, páselo a una fuente y deje que se enfríe por completo.

Cuando lo vaya a servir, con unas varillas eléctricas, bata la nata con el azúcar glas a punto de nieve, añadiendo el azúcar hacia el final, cuando esté parcialmente montada. Cubra el bizcocho con la nata montada, espolvoréela con un poco de cacao en polvo y decórela con piel de naranja confitada cortada en juliana.

ERRORES MÁS HABITUALES Y CÓMO EVITARLOS
Tamice siempre el cacao en polvo antes de añadirlo, ya que suele contener pequeños grumos que no se disolverán aunque se mezclen con otros ingredientes.

CRUMBLE DE PERA Y CHOCOLATE

Crumble di pere e cioccolato

Dificultad: BAJA

Para el Helado de chocolate:
véase pág. 272

PARA 6-8 PERSONAS

PARA EL CRUMBLE
80 g de pasas
50 ml (3 cdas.) de jerez u otro vino dulce
4 peras Decana
150 g de azúcar moreno
100 g de chocolate negro al 80%
100 g de mantequilla fría
120 g de harina de fuerza o común
100 g de copos de avena
1 cdta. colmada de canela molida
1 pizca de sal
Helado de chocolate, para servir

EQUIPAMIENTO NECESARIO
Boles grandes
Jarra medidora
Cuchillo puntilla
Tabla de cortar
Espátula de silicona
Cuchillo de chef
Fuente de horno redonda de 24 cm
Colador

Remoje las pasas en agua caliente 10 minutos, escúrralas y mézclelas con el jerez en un bol. Pele, descorazone y corte las peras en cuñas. Añádalas al bol con un tercio del azúcar moreno, remuévalo todo y deje que infusione 30 minutos.

Mientras, pique grueso el chocolate.

Precaliente el horno a 200 °C/180 °C con ventilador y engrase ligeramente la fuente de horno con un poco de la mantequilla.

Coloque las cuñas de pera en la fuente y esparza el chocolate por encima. Corte el resto de la mantequilla en dados pequeños. Póngalos en un bol con la harina tamizada, la avena, el azúcar restante, la canela y una pizca de sal. Trabajando rápido para asegurarse de que los ingredientes no se calientan demasiado, frótelo todo con las yemas de los dedos hasta que parezca pan rallado grueso. No lo frote demasiado o acabará obteniendo una masa fina en vez de arenosa.

Extienda el *crumble* de manera uniforme encima de las peras y hornéelo unos 45 minutos, hasta que la superficie esté ligeramente dorada y la fruta blanda. Deje que se enfríe un poco y sírvalo, templado o frío, según lo desee, con helado de chocolate.

ERRORES MÁS HABITUALES Y CÓMO EVITARLOS
Mientras hornea el *crumble*, el jugo de las peras puede gotear de la fuente. Para evitar que se caiga al horno, se queme y humee, forre la rejilla del horno de debajo de la fuente con papel de aluminio. Por lo general, el *crumble* estará listo cuando el jugo de la fruta empiece a burbujear por los bordes.

BIZCOCHO DE CHOCOLATE CON LECHE DE ALMENDRAS

Cake di cioccolato al latte di mandorle

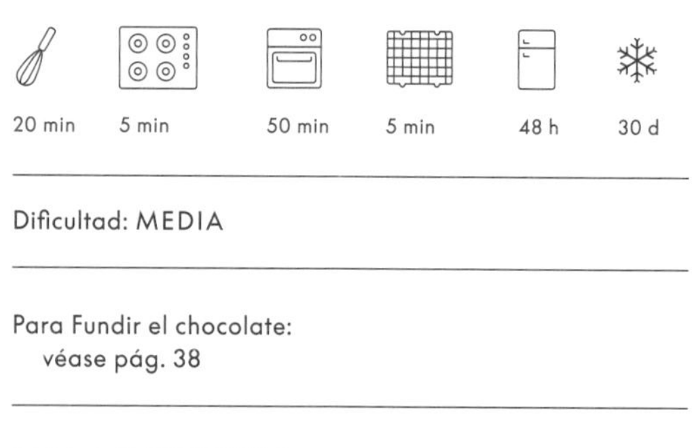

Dificultad: MEDIA

Para Fundir el chocolate:
véase pág. 38

PARA 6-8 PERSONAS

PARA EL BIZCOCHO
110 g de mantequilla a temperatura ambiente
150 g de azúcar extrafino
70 g de cacao amargo en polvo
½ cdta. de levadura en polvo
1 cdta. de bicarbonato de sodio
4 huevos
160 g de harina de fuerza o común
1 pizca de sal
180 ml de leche de almendras

PARA EL GLASEADO
150 g de chocolate blanco
30 ml (2 cdas.) de leche entera
10 g (2 cdtas.) de mantequilla a temperatura ambiente
20 g de chocolate negro al 60% rallado

EQUIPAMIENTO NECESARIO
Molde para pan de 23 × 8 cm
Papel vegetal
Boles grandes
Varillas eléctricas
Colador
Espátula de silicona
Jarra medidora
Rejilla de enfriamiento
Cuchillo de chef
Tabla de cortar
Baño maría
Rallador de chocolate

Precaliente el horno a 180 °C/160 °C con ventilador y forre el molde para pan con papel vegetal.

Ponga la mantequilla en un bol con el azúcar y bátala con unas varillas eléctricas hasta que esté esponjosa y cremosa. Añada el cacao en polvo tamizado, la levadura en polvo y el bicarbonato y siga batiendo a velocidad baja. Agregue 1 huevo y 1 cucharada de la harina tamizada y remueva con una espátula de silicona. A continuación, añada los huevos y la harina restantes de la misma manera. Ponga una pizca de sal, remueva y vierta la leche de almendras, sin dejar de remover hasta que se incorpore.

Vierta la masa en el molde para pan y hornee el bizcocho 50 minutos. Estará listo cuando al introducir una brocheta por el centro salga limpia. Sáquelo del horno y deje que se enfríe en el molde 5 minutos. Desmóldelo sobre una rejilla y deje que se enfríe por completo.

Para preparar el glaseado, pique fino el chocolate blanco y caliéntelo despacio al baño maría con la leche y la mantequilla, removiéndolo, hasta que el chocolate se derrita y la mezcla esté fina. Viértalo templado sobre el bizcocho y esparza el chocolate negro rallado por encima. Deje que el chocolate rallado se funda con el calor del glaseado y resérvelo hasta que se endurezca antes de servirlo.

CONSEJOS Y TRUCOS

Si desea que el bizcocho tenga un aspecto más llamativo, deje que el glaseado se enfríe antes de espolvorearlo con virutas de chocolate negro.

TARTALETAS DE CHOCOLATE BLANCO Y MANGO

Tartellette al cioccolato bianco e mango

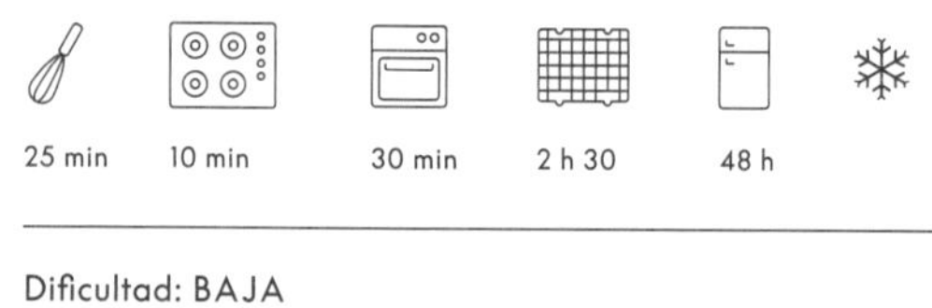

Dificultad: BAJA

PARA 6 PERSONAS

PARA LAS TARTALETAS
80 g de mantequilla
180 g de galletas de jengibre
200 g de chocolate blanco
300 ml de nata para montar
4-5 ramitas de menta, y algunas más para decorar
2 huevos
20 g de azúcar extrafino
1 pizca de sal
1 mango maduro
La ralladura de 1 lima (sin cera)

EQUIPAMIENTO NECESARIO
Moldes para tartaletas redondos, cuadrados y rectangulares (de 8 cm, de 6 cm y de 5 × 8 cm, respectivamente)
Papel vegetal
Baño maría
Robot de cocina
Cuchillo de chef
Tabla de cortar
Bol refractario
Jarra medidora
Cazuela
Colador
Espátula de silicona
Rallador

Precaliente el horno a 170 °C/150 °C con ventilador y forre la base de los moldes con papel vegetal.

Ponga la mantequilla en un bol al baño maría y caliéntela despacio hasta que se derrita. Introduzca las galletas en un robot de cocina y tritúrelas finas. Rocíelas con la mantequilla fundida y remuévalas para rebozarlas de manera uniforme. Cubra la base y los lados de los moldes con las migas rebozadas y presiónelas fuerte con el dorso de una cucharilla. Refrigérelos 30 minutos.

Mientras, pique fino el chocolate y colóquelo en un bol refractario. Vierta la nata en una cazuela, añada la menta y llévela a ebullición a fuego medio. Retírela del fuego, tápela y resérvela para que se enfríe.

Una vez fría, pásela por un colador y vuelva a echarla en la cazuela. Recaliéntela y viértala sobre el chocolate picado. Remuévalo todo con una espátula de silicona hasta que se funda y resérvelo para que se enfríe. Bata los huevos en un bol y añádalos a la crema de chocolate con el azúcar y una pizca de sal. Remueva para que se mezclen.

Reparta la crema entre los moldes preparados y hornéelos 30 minutos. Sáquelos del horno, deje que las tartaletas se enfríen en los moldes y refrigérelas 2 horas.

Lave y seque el mango. Deshuéselo, pélelo y corte la pulpa en rodajas finas. Desmolde las tartaletas, colóquelas en una fuente y decórelas con las rodajas de mango, la ralladura de lima y las ramitas de menta.

CONSEJOS Y TRUCOS
Si se han formado grumos en la crema después de enfriarla, bátala con una batidora de mano para recuperar su consistencia.

BIZCOCHO ESPECIADO DE CHOCOLATE, MANZANA Y NUECES

Torta speziata di cioccolato, mele e noci

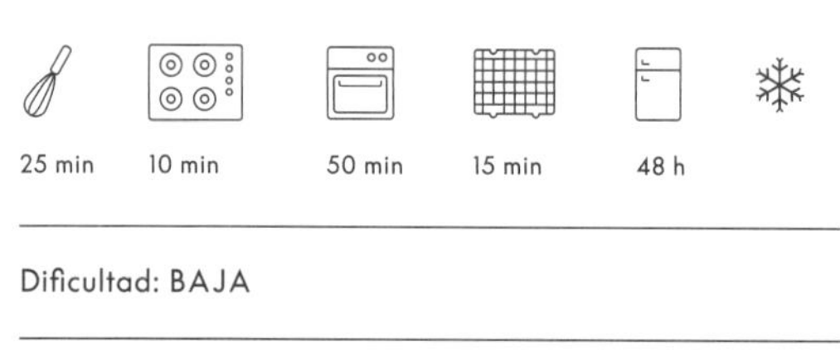

25 min 10 min 50 min 15 min 48 h

Dificultad: BAJA

PARA 8 PERSONAS

PARA EL BIZCOCHO
80 g de pasas
50 g de nueces peladas
120 g de chocolate negro al 60 %
450 g de manzanas Golden Delicious (270 g de puré)
110 g de mantequilla a temperatura ambiente
150 g de azúcar extrafino
2 huevos
70 g de cacao amargo en polvo
260 g de harina de fuerza o común
2 cdtas. rasas de levadura en polvo
2 cdtas. de canela molida
1 pizca de nuez moscada rallada
½ cdta. de jengibre molido
1 pizca de sal

PARA DECORAR
1 manzana Royal Gala
20 g (1½ cdas.) de mantequilla
20 g de azúcar moreno
1 cdta. de zumo de limón

EQUIPAMIENTO NECESARIO
Fuente de horno de 18 × 23 cm
Papel vegetal
Boles grandes
Cuchillo de chef
Tabla de cortar
Cazuela
Batidora de mano
Varillas manuales o eléctricas
Espátula de silicona
Colador
Rejilla de enfriamiento

Precaliente el horno a 180 °C/160 °C con ventilador y forre la fuente con papel vegetal.

Remoje las pasas en agua templada 15 minutos, escúrralas, estrújelas para eliminar el exceso de humedad y resérvelas. Pique las nueces en trozos gruesos y el chocolate en trozos finos. Pele las manzanas, córtelas en dados y póngalas en una cazuela con 4 cucharadas de agua. Cuézalas, tapadas, hasta que estén muy blandas. Suba el fuego y deje que el líquido de cocción se evapore por completo. Tritúrelas con una batidora de mano y deje que se enfríen.

Para preparar la decoración, corte la manzana Royal Gala en cuartos y descorazónela. Corte los cuartos por la mitad a lo largo y cada uno por la mitad a lo ancho. Cuézalos con la mantequilla, el azúcar moreno y el zumo de limón 5 minutos hasta que estén blandos y caramelizados. Resérvelos.

Ponga la mantequilla en un bol con el azúcar y bátala con unas varillas manuales o eléctricas hasta que quede ligera y esponjosa. Bata los huevos en otro bol e incorpórelos a la mezcla de mantequilla y azúcar junto con el puré de manzana. Remuévalo con una espátula de silicona. Añada 50 g del cacao en polvo tamizado, la harina y la levadura en polvo y remueva. Agregue las especias, las pasas, las nueces, el chocolate y una pizca de sal. Remueva para que se mezclen.

Vierta la masa en la fuente y hornee el bizcocho 50 minutos. Estará listo cuando, al introducir una brocheta por el centro, salga limpia. Sáquelo del horno, dele la vuelta sobre una rejilla y deje que se enfríe por completo.

Córtelo en cuadrados, corónelos con un trozo de manzana caramelizada y sírvalos.

BIZCOCHO DE CHOCOLATE Y FRAMBUESAS

Torta di cioccolato e lamponi

 20 min
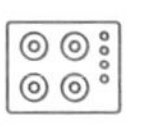 5 min
 50 min
 10 min
 48 h
30 d

Dificultad: BAJA

PARA 6-8 PERSONAS

PARA EL BIZCOCHO
100 g de mantequilla
220 g de chocolate negro al 60%
170 ml de café
140 g de azúcar extrafino
180 g de harina de fuerza o común
40 g de cacao amargo en polvo
1 cdta. de levadura en polvo
1 pizca de sal
2 huevos
200 g de frambuesas frescas
10 g de fécula de patata
Azúcar glas, para espolvorear (opcional)

EQUIPAMIENTO NECESARIO
Molde redondo desmontable de 20 cm
Papel vegetal
Cuchillo de chef
Tabla de cortar
Boles grandes
Jarra medidora
Cazuela
Espátula de silicona
Colador
Varillas manuales
Batidora de mano
Rejilla de enfriamiento
Colador de malla fina

Precaliente el horno a 180 °C/160 °C con ventilador y forre el molde con papel vegetal.

Corte la mantequilla en dados pequeños. Pique fino el chocolate y colóquelo en un bol. Vierta 150 ml de agua en una cazuela y añada el café, el azúcar y la mantequilla. Caliéntelo a fuego lento hasta que la mantequilla y el azúcar se fundan y viértalo sobre el chocolate, en tres tandas iguales, removiéndolo con una espátula de silicona hasta que el chocolate se funda. Deje que se enfríe.

Tamice la harina, el cacao y la levadura en un bol. Remuévalo y añada una pizca de sal. Vierta la mezcla de chocolate y remueva con unas varillas manuales. Bata los huevos en otro bol y agréguelos a la masa. Bátala con una batidora de mano.

Vierta la mitad de la masa en el molde y esparza tres cuartas partes de las frambuesas rebozadas en la fécula de patata. Añada con cuidado el resto de la masa y hornee el bizcocho 50 minutos. Sáquelo del horno y déjelo reposar en el molde 10 minutos; a continuación, desmóldelo y colóquelo sobre una rejilla para que se enfríe por completo. Decórelo con las frambuesas restantes y espolvoréelo con azúcar glas, si lo desea.

CONSEJOS Y TRUCOS

Es muy importante añadir poco a poco el líquido caliente al chocolate picado para que se funda y se incorpore bien.

POSTRES ELABORADOS

CORONA DE PROFITEROLES CON CREMA Y CRUJIENTE DE AVELLANAS

Profiterole alla nocciola con briciole di croccante

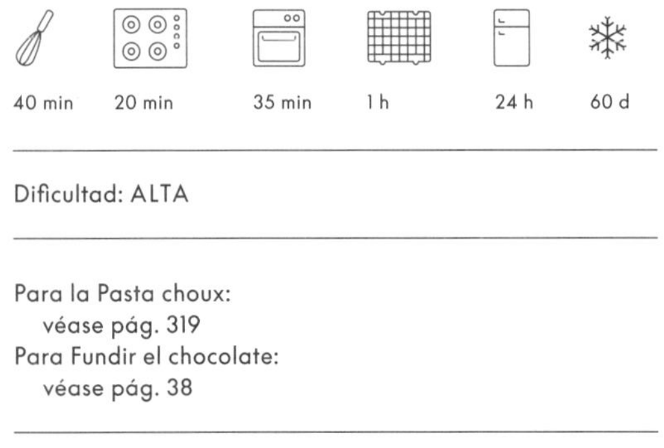

Dificultad: ALTA

Para la Pasta choux:
véase pág. 319
Para Fundir el chocolate:
véase pág. 38

PARA 8-10 PERSONAS

PARA LA CORONA DE PROFITEROLES
1 ración de pasta choux elaborada según la receta base

PARA EL CRUJIENTE DE AVELLANAS
20 g de avellanas tostadas
150 g de azúcar extrafino

PARA LA SALSA DE CHOCOLATE
150 g de chocolate negro al 85%
70 g de azúcar extrafino
70 g de miel de acacia
40 g de cacao amargo en polvo

PARA EL RELLENO
80 g de avellanas tostadas
150 g de chocolate negro al 60%
½ vaina de vainilla
50 g de azúcar glas
10 g (1 cda. colmada) de cacao amargo en polvo
25 ml (2 cdas.) de aceite de girasol
600 ml de nata para montar

EQUIPAMIENTO NECESARIO
2 bandejas de horno
Papel vegetal
Mangas pasteleras
Boquilla lisa de 1 cm
Cuchillo de chef
Tabla de cortar
Cazuelas
Espátula de silicona
Rodillo de pastelería
Colador
Jarra medidora
Varillas manuales
Biberón de salsas o manga pastelera desechable
Robot de cocina
Baño maría
Cuchillo puntilla
Boles grandes
Varillas eléctricas
Boquilla de estrella grande
Cuchillo de sierra

Precaliente el horno a 200 °C/180 °C con ventilador, forre dos bandejas de horno con papel vegetal y prepare una manga pastelera con una boquilla lisa.

Llene la manga con la pasta *choux* y escudille montoncitos del tamaño de un albaricoque, separados entre sí 1 cm, formando un círculo en cada una de las bandejas. Sumerja el dedo en agua fría y alise la superficie de la pasta *choux*. Hornee las coronas 35 minutos, apague el horno, deje la puerta entreabierta y déjelas reposar otros 30 minutos.

Para preparar el crujiente de avellanas, pique gruesas las avellanas. Ponga el azúcar en una cazuela y caliéntelo hasta obtener un caramelo dorado, añada las avellanas y remuévalas con una espátula de silicona. Coloque una lámina de papel vegetal sobre una superficie de trabajo y vierta el caramelo en el medio. Cúbralo con una segunda lámina de papel y, con un rodillo, extiéndalo hasta obtener una capa fina. Tenga cuidado de no quemarse, ya que el caramelo estará muy caliente. Deje que se enfríe y se endurezca del todo. Retire el papel vegetal y rompa el caramelo en trozos pequeños.

Para preparar la salsa de chocolate, pique fino el chocolate negro al 85%. Ponga el azúcar, la miel, el cacao en polvo tamizado y 200 ml de agua en una cazuela y remuévalo con unas varillas manuales. Llévelo a ebullición y deje que cueza durante 1 minuto. Añada el chocolate picado y remuévalo con la espátula hasta que se funda. Pase la salsa a un bol, deje que se enfríe y, a continuación, llene el biberón de salsas. Refrigérela 30 minutos.

Para preparar el relleno, triture las avellanas en un robot de cocina hasta obtener una pasta. Pique fino el chocolate negro al 60% y fúndalo al baño maría. Corte la vaina de vainilla por la mitad a lo largo con una puntilla y raspe las semillas. Ponga 30 g del azúcar glas, el cacao en polvo tamizado, las semillas de vainilla, el aceite y el chocolate negro fundido en el robot de cocina y bátalo hasta que la mezcla esté fina y cremosa. En otro bol limpio, monte la nata y el azúcar restante con las varillas eléctricas e incorpórela a la mezcla de avellanas con la espátula. Prepare una manga pastelera con una boquilla de estrella. Corte las coronas de *choux* por la mitad en dos capas iguales y rellénelas con la crema de avellanas. Disponga las coronas en una fuente y vierta la salsa de chocolate por encima. Esparza el crujiente de avellanas partido y sírvalas.

BIZCOCHO DE CHOCOLATE CON FRESAS

Torta di cioccolato e fragole

Dificultad: MEDIA

Para Fundir el chocolate:
véase pág. 38

PARA 8 PERSONAS

PARA EL BIZCOCHO
4 huevos
160 g de chocolate negro al 60%
100 g de mantequilla
30 g de harina de fuerza o común
1 pizca de sal
160 g de azúcar extrafino
250 g de fresas
20 g (2 cdas.) de azúcar glas
10 g (½ cda.) de miel de acacia

EQUIPAMIENTO NECESARIO
Molde redondo desmontable de 20 cm
Papel vegetal
Boles grandes
Cuchillo de chef
Tabla de cortar
Baño maría
Colador
Espátula de silicona
Varillas eléctricas
Rejilla de enfriamiento
Batidora de mano
Colador de malla fina

Precaliente el horno a 180 °C/160 °C con ventilador y forre el molde con papel vegetal.

Separe las claras de las yemas y coloque las claras en un bol limpio y sin grasa. Pique fino el chocolate, corte la mantequilla en dados pequeños, añádalos y fúndalo al baño maría. Déjelo enfriar a temperatura ambiente y agregue las yemas de huevo, la harina tamizada, una pizca de sal y el azúcar extrafino, y remuévalo con una espátula de silicona. Bata las claras con unas varillas eléctricas hasta que se formen picos suaves e incorpórelas despacio.

Llene el molde y hornee el bizcocho en la parte central del horno 30 minutos. Sáquelo del horno y deje que se enfríe en el molde 10 minutos. A continuación, páselo a una rejilla para que se enfríe por completo. Vacíe el centro del bizcocho, dejando un borde de 3 cm y una profundidad de unos 4 cm. Reserve la masa que recorte.

Lave 100 g de fresas y retíreles el rabillo. Colóquelas en un bol con la mitad del azúcar glas y 2 cucharadas de agua y bátalas con una batidora de mano hasta obtener una salsa.

Trocee la masa recortada, mézclela con la salsa de fresas para que se impregne bien y vuelva a colocarla en el centro del bizcocho con la ayuda de una cuchara. Espolvoréelo con el resto del azúcar glas.

Lave el resto de las fresas y retíreles el rabillo. Córtelas por la mitad, rocíelas con miel y dispóngalas sobre el bizcocho justo antes de servirlo.

CONSEJOS Y TRUCOS

Antes de retirar el rabillo a las fresas, es importante lavarlas y secarlas con papel de cocina. Así evitará que el agua entre en contacto con la carne y altere su sabor.

PAVLOVA DE CHOCOLATE

Pavlova al cioccolato

30 min 5 min 1 h 3 h 24 h

Dificultad: ALTA

Para el Merengue francés:
véase pág. 321
Para la Ganache montada:
véase pág. 78
Para las Cintas de chocolate en tres dimensiones:
véase pág. 62

PARA 8-10 PERSONAS

PARA EL MERENGUE
4 claras de huevo
220 g de azúcar extrafino
15 g (1 cda. colmada) de cacao amargo en polvo

PARA LA GANACHE MONTADA
100 g de chocolate negro al 70%
500 ml de nata para montar

PARA DECORAR
Chocolate blanco, con leche y rosa
Cinta de chocolate en tres dimensiones

EQUIPAMIENTO NECESARIO
Bandeja de horno
Papel vegetal
Baño maría
Batidora amasadora equipada con unas varillas o unas varillas eléctricas y un bol
Colador
Espátula de silicona
Espátula acodada
Cuchillo de chef
Tabla de cortar
Jarra medidora
Cazuela
Bol grande
Varillas eléctricas
Rallador de chocolate

Precaliente el horno a 150 °C/130 °C con ventilador y forre la bandeja de horno con papel vegetal.

Ponga las claras en un bol limpio y sin grasa al baño maría y caliéntelas 2 o 3 minutos. Bátalas en una amasadora equipada con las varillas o con unas varillas eléctricas y un bol. Añada poco a poco el azúcar, cucharada a cucharada, sin dejar de batir. Bata el merengue unos 10 minutos hasta que se formen picos duros y brillantes.

Incorpore despacio el cacao en polvo tamizado y remuévalo con una espátula de silicona. Extienda el merengue sobre la bandeja de horno con una espátula acodada. Reconstruya los lados para dejar un hueco de unos 18 cm de diámetro en el centro.

Baje la temperatura del horno a 120 °C/100 °C con ventilador y hornee el merengue durante 1 hora. Deje que se enfríe en el horno con la puerta cerrada.

Pique fino el chocolate para la *ganache*. Vierta la nata en una cazuela y llévela a ebullición. Retírela del fuego, añada el chocolate y remueva hasta que se funda. Vierta la *ganache* en un bol y deje que se enfríe en el frigorífico 3 horas.

Cuando la vaya a servir, bátala con unas varillas eléctricas hasta que esté pálida y esponjosa. Rellene el centro de la *pavlova* con la *ganache* montada y decórela con los tres tipos de chocolate rallados. Corónela con las cintas de chocolate en tres dimensiones.

ERRORES MÁS HABITUALES Y CÓMO EVITARLOS
El merengue de chocolate es mucho más frágil que el normal. Tenga mucho cuidado al pasarlo a la fuente y al rellenarlo.

CARLOTA DE CHOCOLATE CON RON, PLÁTANO Y COCO

Charlotte con cioccolato al rum, banane e cocco

Dificultad: ALTA

Para el Bizcocho de Saboya:
véase pág. 318
Para la Mousse de chocolate con merengue italiano:
véase pág. 82
Para los Rizos de chocolate:
véase pág. 50

PARA 8 PERSONAS

PARA EL BIZCOCHO DE SABOYA DE CHOCOLATE
4 huevos
½ vaina de vainilla
80 g de azúcar extrafino
50 g de harina de fuerza o común
20 g (2 cdas. colmadas) de cacao amargo en polvo

PARA EL RELLENO
70 g de azúcar extrafino
40 ml (3 cdas.) de ron
2 plátanos medianos
20 g de coco deshidratado
1 ración de Mousse de chocolate con merengue italiano

PARA DECORAR
200 ml de nata para montar
30 g de azúcar glas
Rizos de chocolate
30 g de coco fresco

EQUIPAMIENTO NECESARIO
Fuente de horno rectangular de 26 × 32 cm
Papel vegetal
Boles grandes
Cuchillo puntilla
Varillas eléctricas
Espátula de silicona
Colador
Molde redondo desmontable de 18 cm de diámetro × 10 cm de alto
Jarra medidora
Cazuela
Tira de acetato de 10 cm de ancho y la misma longitud que el molde
Espátula acodada
Rallador con orificios grandes

Para preparar el bizcocho de Saboya, precaliente el horno a 180 °C/160 °C con ventilador y forre la fuente con papel vegetal.

Separe las claras de las yemas y coloque las claras en un bol limpio y sin grasa. Corte la vaina de vainilla por la mitad a lo largo con una puntilla y raspe las semillas. En otro bol, bata las yemas con las semillas de vainilla y el azúcar hasta que estén pálidas y esponjosas. Bata las claras con unas varillas eléctricas hasta que se formen picos suaves e incorpórelas a la mezcla de yemas con una espátula de silicona. Tamice la harina y el cacao en polvo sobre un bol y añádalos a la mezcla, en tres tandas iguales, con la ayuda de la espátula de silicona.

Vierta la masa en la fuente y hornee el bizcocho 8 minutos. Sáquelo del horno y deje que se enfríe por completo en la fuente. Usando la base del molde desmontable como plantilla, recorte un disco de bizcocho y dos tiras largas de la misma anchura que la altura de los lados del molde.

Para preparar el relleno, vierta 40 ml (3 cucharadas) de agua en una cazuela, añada el azúcar y llévelo a ebullición para hacer un almíbar. Deje que se enfríe y agregue el ron. Pele los plátanos y córtelos en rodajas. Agréguelos a la cazuela y deje que infusionen en el almíbar un mínimo de 15 minutos.

Forre la base del molde con papel vegetal y los lados con la tira de acetato. Cubra la base con el disco de bizcocho y los laterales con las tiras. Escurra las rodajas de plátano y colóquelas en una capa sobre el disco de bizcocho. Esparza por encima el coco deshidratado. Coloque encima la *mousse* de chocolate con merengue italiano, nivele la superficie con una espátula acodada y refrigérelo 4 horas.

Cuando vaya a servir la carlota, desmóldela y pásela a una fuente. Vierta la nata en un bol limpio, añada el azúcar glas y bátala con unas varillas eléctricas. Disponga la nata montada encima de la *mousse* y corone el pastel con los rizos de chocolate y el coco fresco rallado.

TARTA DE CHOCOLATE Y GUINDILLAS

Tarte al cioccolato e peperoncino

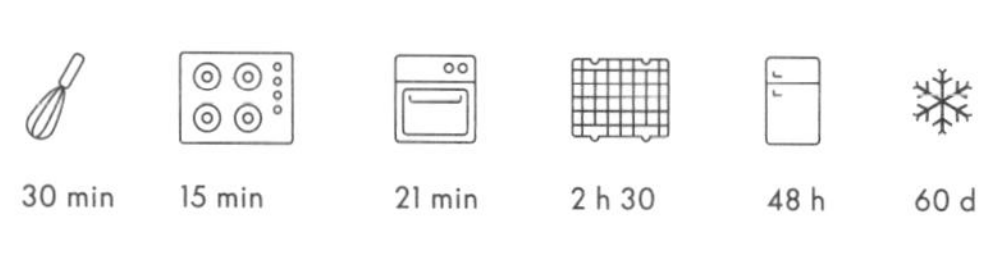

30 min 15 min 21 min 2 h 30 48 h 60 d

Dificultad: MEDIA

Para la Pastaflora clásica:
véase pág. 314
Para la Ganache para bombones y trufas:
véase pág. 74
Para Fundir el chocolate:
véase pág. 38

PARA 8 PERSONAS

PARA LA BASE
100 g de mantequilla fría
200 g de harina de fuerza o común, y un poco más para espolvorear
50 g de azúcar glas
1 pizca de sal
1 huevo
1 yema de huevo

PARA LA GANACHE
200 g de chocolate negro al 70%
250 ml de nata para montar
1 pizca de cayena molida
20 g (1½ cdas.) de mantequilla fría

PARA DECORAR
2 guindillas rojas
40 g (3 cdas. colmadas) de azúcar extrafino

EQUIPAMIENTO NECESARIO
Cuchillo de chef
Tabla de cortar
Robot de cocina
Film transparente
Baño maría
Jarra medidora
Espátula de silicona
Batidora de mano
Papel vegetal
Rodillo de pastelería
Molde redondo acanalado de 20 cm
Bolas de cerámica para hornear
Cazuela
Rejilla de enfriamiento

Para preparar la base de la tarta, corte la mantequilla en dados pequeños. Ponga la harina, el azúcar glas, la mantequilla y una pizca de sal en un robot de cocina y bátalo hasta obtener una mezcla arenosa. Añada el huevo entero y la yema adicional y bátalo unos segundos más hasta que la masa se pegue a las cuchillas. Cúbrala con film transparente y déjela reposar 30 minutos.

Para preparar la *ganache*, pique fino el chocolate y póngalo en un bol al baño maría. Añada la nata y la cayena molida y fúndalo. Agregue la mantequilla y remuévalo con una espátula de silicona hasta que se funda. Si es necesario, bátalo unos segundos con una batidora de mano.

Precaliente el horno a 180 °C/160 °C con ventilador.

Sumerja una lámina de papel vegetal en agua, estrújela para eliminar el exceso de agua y resérvela. Sobre una superficie de trabajo ligeramente enharinada, extienda la masa hasta formar un disco de 3 mm de grosor. Colóquelo con cuidado sobre el molde, presionándolo sobre la base y los lados y recorte la masa que sobresalga por los lados. Pinche la base con un tenedor, cúbrala con la lámina húmeda de papel vegetal y distribuya unas bolas de cerámica por la base. Hornéela en blanco 15 minutos.

Retire el papel y las bolas y continúe horneándola otros 5 o 6 minutos. Sáquela del horno y deje que se enfríe por completo en el molde. Rellénela con la *ganache* y refrigérela 2 horas como mínimo.

Mientras, limpie las guindillas para la decoración. Retíreles el tallo y las semillas y córtelas a lo largo en tiras. Ponga el azúcar y 40 ml (3 cucharadas) de agua en una cazuela y llévelo a ebullición. Añada las tiras de guindilla y cuézalas 7 u 8 minutos hasta que estén translúcidas. Sáquelas del almíbar, escúrralas y déjelas secar sobre una rejilla. Cuando vaya a servir la tarta, desmóldela sobre una fuente y decórela con las tiras de guindilla.

BIZCOCHO ESPONJOSO DE CHOCOLATE

Tortino al fondente

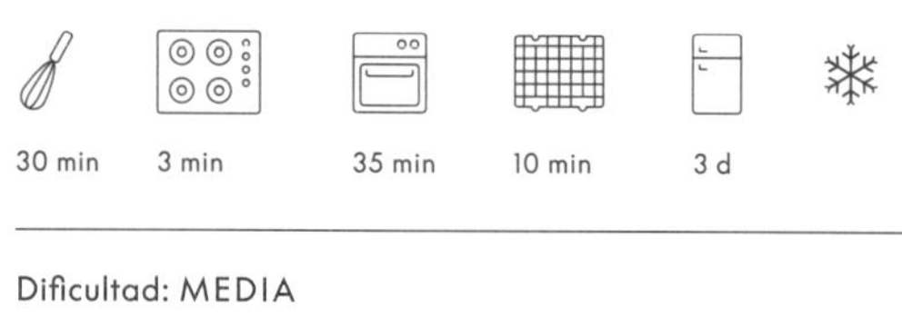

Dificultad: MEDIA

PARA 8 PERSONAS

PARA EL BIZCOCHO
100 g de mantequilla, y un poco más para engrasar
200 g de chocolate negro al 60%
4 huevos
225 g de azúcar extrafino
50 g de harina de fuerza o común
1 pizca de sal
Nata para montar, para servir
Cacao amargo en polvo, para espolvorear

EQUIPAMIENTO NECESARIO
Molde redondo desmontable de 18 cm
Rallador de chocolate
Baño maría
Boles grandes
Varillas eléctricas
Colador
Espátula de silicona
Espátula acodada
Jarra medidora

Precaliente el horno a 160 °C/140 °C con ventilador y engrase el molde con mantequilla.

Ralle grueso el chocolate con un rallador de chocolate. Funda la mantequilla al baño maría. Separe las claras de las yemas y coloque las claras en un bol limpio y sin grasa. En otro bol, bata las yemas con 200 g de azúcar con unas varillas eléctricas hasta que estén pálidas y esponjosas. Añada la mantequilla fundida, el chocolate rallado, 40 g de la harina tamizada y una pizca de sal y remuévalo con una espátula de silicona. Bata las claras con unas varillas eléctricas hasta que se formen picos suaves e incorpórelas despacio con la espátula.

Mezcle el resto del azúcar y la harina y espolvoréelo sobre el molde engrasado en una capa uniforme. Rellénelo con la masa, nivele la superficie con una espátula acodada y hornéelo 35 minutos.

Saque el bizcocho del horno, déjelo reposar 10 minutos, desmóldelo y páselo a una fuente. Deje que se enfríe por completo.

Cuando lo vaya a servir, vierta la nata en un bol y bátala con unas varillas eléctricas hasta que se formen picos suaves. Espolvoréelo con un poco de cacao en polvo y sírvalo con la nata montada aparte.

CONSEJOS Y TRUCOS

Si no dispone de un rallador de chocolate, utilice uno con agujeros medianos o grandes. Enfríe la tableta de chocolate en el frigorífico 30 minutos antes de rallarla y evite calentar el chocolate con las manos sujetando la tableta con una lámina de papel vegetal.

EQUIPAMIENTO NECESARIO
2 moldes redondos desmontables de 18 cm
Papel vegetal
Cuchillo de chef
Tabla de cortar
Jarra medidora
Cazuela
Varillas manuales
Boles grandes
Colador
Espátula de silicona
Rejilla de enfriamiento
Cuchillo puntilla
Baño maría
Varillas eléctricas
Espátula acodada
Bandeja de horno con borde

Fotografía en la página 148

Para preparar la crema de mantequilla, pique fino el chocolate con leche y fúndalo al baño maría. Ponga la mantequilla en un bol y bátala con unas varillas eléctricas, incorporando poco a poco el azúcar glas hasta que esté cremosa. Añada el chocolate con leche fundido y la leche y bata hasta obtener una mezcla fina. Coloque uno de los bizcochos de chocolate negro sobre una rejilla para que se enfríe y unte la parte superior con una sexta parte de la crema de mantequilla con la ayuda de una espátula acodada. Ponga encima el bizcocho de vainilla, úntelo con otra sexta parte de la crema de mantequilla y termine con el otro bizcocho de chocolate negro. Extienda la crema de mantequilla restante por los lados y la parte superior de la tarta y refrigérela durante 1 hora.

Prepare la *ganache* simple siguiendo las indicaciones de la técnica básica pero con las cantidades de esta receta.

Coloque la rejilla con la tarta sobre una bandeja de horno con borde y glaséela con la *ganache*, vertiéndola por encima y dejando que gotee por los lados. Golpee con suavidad la rejilla contra la bandeja para que caiga el exceso de glaseado. Refrigere la tarta 30 minutos y decórela con las cintas de chocolate en tres dimensiones.

PASTEL DE CHOCOLATE NEGRO Y CREMA COCIDA

Torta con crema cotta al cioccolato fondente

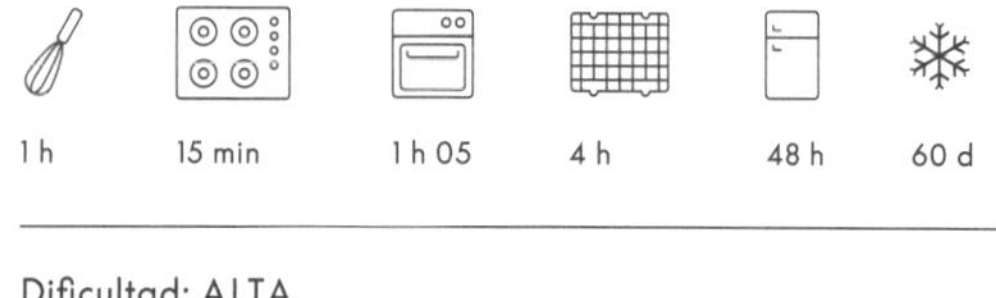

Dificultad: ALTA

Para la Pastaflora clásica:
véase pág. 314
Para la Ganache montada:
véase pág. 78
Para los Rizos de chocolate:
véase pág. 50

PARA 8-10 PERSONAS

PARA LA BASE
300 g de pastaflora clásica

PARA EL BIZCOCHO
25 g de harina de fuerza o común, y un poco más para espolvorear
3 claras de huevo
120 g de azúcar extrafino
4 yemas de huevo
30 g de cacao amargo en polvo
25 g de fécula de patata
1 cdta. de mantequilla

PARA LA CREMA
280 g de chocolate negro al 70 %
180 ml de leche entera
80 g de azúcar extrafino
1 huevo grande
2 yemas de huevo grandes
380 ml de nata para montar

PARA LA GANACHE MONTADA
300 ml de nata para montar
200 g de chocolate con leche

PARA EL GLASEADO ESPEJO
3 hojas (9 g) de gelatina
185 g de chocolate gianduja
80 g de azúcar extrafino
100 g de leche condensada

PARA DECORAR
Rizos de chocolate con leche

Para preparar la base, precaliente el horno a 160 °C/140 °C con ventilador y forre la bandeja de horno con papel vegetal.

En una superficie de trabajo ligeramente enharinada, extienda la pastaflora hasta que tenga un grosor de 5 mm y dele forma de rectángulo de 24 × 10 cm. Colóquela en la bandeja forrada, pínchela con un tenedor y hornéela 15 minutos. Sáquela del horno y deje que se enfríe por completo. Recorte los bordes con un cuchillo de sierra para dejarlos rectos.

Para preparar el bizcocho, precaliente el horno a 200 °C/180 °C con ventilador y forre la fuente rectangular con papel vegetal.

Ponga las claras en un bol al baño maría y bátalas con unas varillas eléctricas hasta que empiecen a espumar. Siga batiéndolas mientras añade despacio el azúcar hasta que se formen picos suaves. Retire el bol del baño maría, bata las yemas en otro bol e incorpórelas a las claras con una espátula de silicona. Tamice la harina, el cacao y la fécula de patata y añádalo a la mezcla. Funda la mantequilla al baño maría y viértala también. Remueva con una espátula de silicona para incorporar todos los ingredientes.

Coloque la masa en la fuente y hornéela 8 minutos. Sáquela del horno y deje que se enfríe por completo en la fuente. Desmóldela y recorte los bordes con un cuchillo de sierra para dejarlos rectos.

Para preparar la crema, precaliente el horno a 150 °C/130 °C con ventilador. Limpie la fuente rectangular y fórrela con papel vegetal.

Pique fino el chocolate y póngalo en un bol. Vierta la leche en otro bol y añada el azúcar, los huevos y la yema adicional. Ponga la nata en una cazuela y llévela a ebullición. Retírela del fuego y viértala sobre el chocolate mientras lo remueve con una espátula de silicona hasta que se funda por completo. Añada la mezcla de leche y huevos y remueva para que se incorpore. Coloque la crema en la fuente y hornéela 40 minutos. Sáquela del horno y deje que se enfríe en el molde a temperatura ambiente. A continuación, congélela 2 o 3 horas.

Prepare la *ganache* montada siguiendo las indicaciones de la técnica básica pero con las cantidades de esta receta.

EQUIPAMIENTO NECESARIO
Bandeja de horno
Papel vegetal
Rodillo de pastelería
Cuchillo de sierra
Fuente de horno rectangular de 24 × 10 cm
Baño maría
Varillas eléctricas
Espátula de silicona
Colador
Boles grandes
Cuchillo de chef
Tabla de cortar
Jarra medidora
Cazuela
Batidora de mano
Rejilla de enfriamiento
Bandeja de horno
Manga pastelera
Boquilla lisa de 1 cm

Fotografía en la página 149

Para preparar el glaseado espejo, ponga a remojo las hojas de gelatina en un bol con agua fría 10 minutos hasta que estén rehidratadas y blandas, asegurándose de que queden totalmente sumergidas en el agua. Pique fino el chocolate *gianduja*. Vierta 75 ml (5 cucharadas) de agua en una cazuela, añada el azúcar y la leche condensada y llévelo a ebullición. Escurra las hojas de gelatina y estrújelas con las manos para eliminar toda el agua posible. Agregue la *gianduja* y la gelatina, remuévalo hasta que la gelatina se disuelva por completo y bátalo con una batidora de mano. Deje que se enfríe a temperatura ambiente.

Para montar el pastel, unte la masa con dos tercios de la *ganache* montada y coloque el bizcocho encima. Desmolde la crema cocida y congelada sobre una rejilla para que se enfríe, colóquela sobre una bandeja de horno y cúbrala con el glaseado espejo. Espere a que el glaseado cuaje antes de colocar la crema cocida sobre el bizcocho. Deje que el pastel repose a temperatura ambiente durante 1 hora o hasta que la crema cocida esté blanda.

Llene una manga pastelera provista de una boquilla lisa con la *ganache* restante. Escudíllela por encima y decórela con los rizos de chocolate.

CANNOLI DE CANELA CON GANACHE Y GRANOS DE CACAO

Cannoli alla cannella con ganache e fave di cacao

40 min | 15 min | 8 min | 1 h | 60 d

Dificultad: ALTA

Para la Ganache montada:
véase pág. 78

PARA 8 PERSONAS

PARA LOS CANNOLI
40 ml (3 cdas.) de leche entera
40 g (2 cdas.) de miel de acacia
80 g de azúcar moreno
1 cdta. de canela molida
60 g de mantequilla
80 g de harina de fuerza o común
2 claras de huevo

PARA LA SALSA
100 g de azúcar extrafino
1 cdta. de canela molida
100 ml de agua hirviendo

PARA EL RELLENO
1 ración de Ganache montada
10 g de granos de cacao tostados

PARA SERVIR
200 ml de nata para montar

EQUIPAMIENTO NECESARIO
Jarra medidora
Cazuelas
Varillas manuales
Bandeja de horno
Papel vegetal
Moldes para cannoli de acero inoxidable de 2 cm de diámetro
Espátula de silicona
Mortero y mano de mortero
Manga pastelera o cono desechables
Varillas eléctricas

Para preparar los *cannoli*, vierta la leche en una cazuela, añada la miel, el azúcar, la canela y la mantequilla y llévelo a ebullición. Retírelo del fuego, eche la harina, de una sola vez y removiéndola constantemente con unas varillas manuales, e incorpore las claras de huevo. Deje que la pasta se enfríe a temperatura ambiente y refrigérela durante 1 hora.

Precaliente el horno a 160 °C/140 °C con ventilador y forre la bandeja de horno con papel vegetal.

Con una cuchara, extienda una capa fina de pasta y forme rectángulos de 7 × 11 cm. Hornee la pasta 8 minutos, sáquela del horno y déjela reposar hasta que esté lo suficientemente fría para manipularla. Forre los moldes para *cannoli* con papel vegetal y, empezando por el extremo más corto, enrolle los rectángulos alrededor. Deje que se enfríen por completo y desmóldelos.

Para preparar la salsa de caramelo, ponga el azúcar en una cazuela con 50 ml (3 cucharadas) de agua y la canela y cuézalo hasta obtener un caramelo de color ámbar. Vierta el agua hirviendo, remuévalo con una espátula de silicona hasta que se funda y cuézalo hasta que tenga una consistencia almibarada. Deje que se enfríe a temperatura ambiente y resérvelo en el frigorífico.

Prepare la *ganache* montada siguiendo las indicaciones de la técnica básica pero con las cantidades de esta receta. Machaque finos los granos de cacao en un mortero. Llene una manga pastelera desechable con la *ganache* y córtele la punta. Rellene los *cannoli* por completo y reboce los extremos con los granos de cacao machacados. Vierta la nata en un bol y bátala a punto de nieve con unas varillas eléctricas. Sirva los *cannoli* en platos individuales, con nata montada al lado y la salsa de caramelo por encima.

CONSEJOS Y TRUCOS

Si compra granos de cacao crudos, tuéstelos en una sartén a fuego medio hasta que la piel que los recubre se empiece a romper y desprendan su aroma.

CUPCAKES SELVA NEGRA

Tortine foresta nera

Dificultad: MEDIA

Para los Rizos de chocolate:
véase pág. 50

PARA 6 PERSONAS

PARA LOS CUPCAKES
75 g de mantequilla, y un poco más para engrasar
30 g de harina de fuerza o común, y un poco más para espolvorear
1 vaina de vainilla
3 huevos
30 g (2½ cdas.) de azúcar extrafino
40 g de cacao amargo en polvo

PARA DECORAR
6 cerezas
30 g (2½ cdas.) de azúcar extrafino
150 ml de nata para montar
Rizos de chocolate negro al 70%

EQUIPAMIENTO NECESARIO
Molde para minimagdalenas de 12 unidades
Cazuela
Cuchillo puntilla
Boles grandes
Varillas eléctricas
Colador
Espátula de silicona
Rejilla de enfriamiento
Espumadera
Jarra medidora
Manga pastelera o cono desechables

Precaliente el horno a 180 °C/160 °C con ventilador. Engrase el molde con mantequilla y espolvoréelo con harina.

Funda la mantequilla en una cazuela a fuego muy lento. Corte la vaina de vainilla por la mitad a lo largo con una puntilla y raspe las semillas. Casque los huevos en un bol, añada las semillas de vainilla y el azúcar y bátalos 5 minutos con unas varillas eléctricas hasta que estén muy ligeros y esponjosos.

Tamice el cacao en polvo y la harina en otro bol e incorpórelos a la mezcla de huevo batido, poco a poco, con una espátula de silicona. Vierta la mantequilla fundida y remueva para que se incorpore. Llene el molde y hornee los *cupcakes* de 10 a 12 minutos hasta que estén bien hechas.

Sáquelos del horno y déjelos reposar a temperatura ambiente. Desmóldelos y deje que se enfríen por completo sobre una rejilla.

Mientras, deshuese las cerezas, póngalas en una cazuela con el azúcar y una cucharada de agua y cuézalas 3 o 4 minutos. Retírelas con una espumadera, resérvelas en un colador y guarde el almíbar de la cocción.

Pinche los *cupcakes* con un palillo y rocíelos con el almíbar para que se impregnen bien. Vierta la nata en un bol y bátala con unas varillas eléctricas a punto de nieve. Llene una manga pastelera desechable con la nata montada y córtele la punta. Escudíllela sobre cada *cupcake*, corónelos con los rizos de chocolate y las cerezas y sírvalos.

VARIANTE
Cuando las cerezas no estén de temporada, utilice cerezas amarena en almíbar. Diluya el almíbar con un poco de agua fría para aligerarlo. Si lo prefiere, puede sustituir las cerezas por castañas confitadas (*marron glacé*); en ese caso, empape los *cupcakes* en un poco de ron.

TARTA TATIN DE PERA Y CHOCOLATE

Tatin di pere e cioccolato

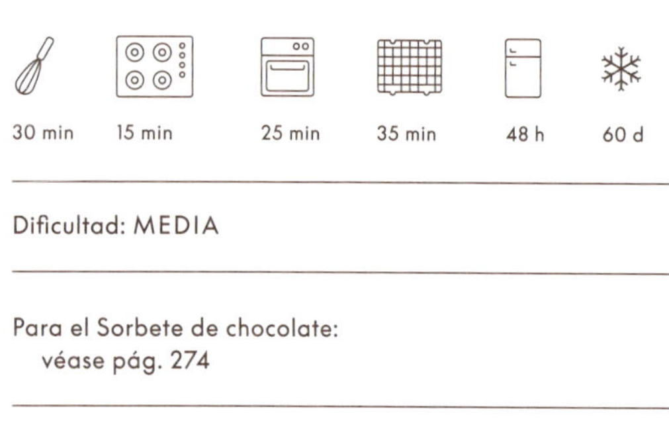

Dificultad: MEDIA

Para el Sorbete de chocolate:
véase pág. 274

PARA 8 PERSONAS

PARA LA BASE
90 g de mantequilla fría
125 g de harina de fuerza o común, y un poco más para espolvorear
15 g (1 cda. colmada) de cacao amargo en polvo
20 g (4 cdtas.) de azúcar extrafino
1 pizca de sal
1 yema de huevo grande

PARA EL RELLENO
5 peras Williams
40 g de chocolate negro al 70 %
60 g de mantequilla
50 g de azúcar moreno

PARA SERVIR
Sorbete de chocolate

EQUIPAMIENTO NECESARIO
Cuchillo de chef
Tabla de cortar
Robot de cocina
Colador
Film transparente
Vaciador de melón
Rallador de chocolate
Fuente de horno redonda de fondo grueso, o para tarta Tatin, de 20 cm
Rodillo de pastelería

Corte la mantequilla en dados pequeños. Introduzca la harina y el cacao tamizados en un robot de cocina, añada el azúcar y una pizca de sal y bátalo hasta que la mezcla parezca un pan rallado fino. Agregue la yema y bátalo de nuevo hasta que se pegue a las cuchillas. Forme un disco con la masa, cúbrala con film transparente y déjela reposar en el frigorífico un mínimo de 30 minutos.

Pele las peras y córtelas por la mitad, retíreles el corazón con un vaciador y corte cada mitad en dos cuñas. Ralle el chocolate. Ponga la mantequilla en la fuente y añada el azúcar moreno. Fúndala a fuego lento hasta que el azúcar se dore. Coloque las peras en la fuente en forma de flor con el corazón hacia arriba y cocínelas 10 minutos. Retírelas del fuego, esparza el chocolate rallado por encima y resérvelas para que se enfríen.

Precaliente el horno a 190 °C/170 °C con ventilador.

En una superficie de trabajo enharinada, estire la masa hasta obtener un círculo del mismo diámetro que la fuente. Levántela con cuidado y colóquela encima de las peras. Introdúzcala por los bordes de la fuente y pinche la superficie con un tenedor. Hornee la tarta 25 minutos. Sáquela del horno, déjela reposar 5 minutos y dele la vuelta sobre una fuente. Sírvala templada con el sorbete de chocolate.

CONSEJOS Y TRUCOS

En lugar de rallar el chocolate y esparcirlo sobre las peras, puede cortarlo en trozos y colocarlos en las cavidades vacías del corazón.

TARTA DE QUESO Y CHOCOLATE CON SALSA DE RUIBARBO

Cheesecake al cioccolato con salsa di rabarbaro

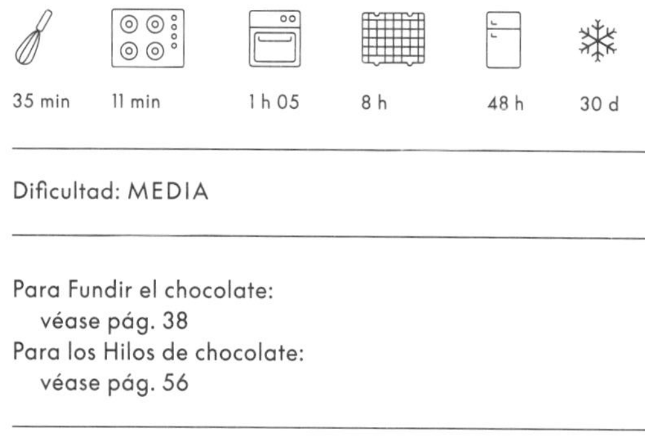

Dificultad: MEDIA

Para Fundir el chocolate:
véase pág. 38
Para los Hilos de chocolate:
véase pág. 56

PARA 8 PERSONAS

PARA LA TARTA DE QUESO
100 g de mantequilla, y un poco más para engrasar
200 g de galletas de mantequilla con chocolate
150 g de chocolate negro al 70%
450 g de queso crema a temperatura ambiente
120 g de azúcar extrafino
20 g (2 cdas.) de maicena
1 pizca de sal
140 g de crema agria
2 huevos
1 yema de huevo

PARA LA SALSA
200 g de ruibarbo
80 g de azúcar

PARA DECORAR
Hilos de chocolate

EQUIPAMIENTO NECESARIO
Molde redondo desmontable de 20 cm
Papel vegetal
Baño maría
Robot de cocina
Cuchillo de chef
Tabla de cortar
Boles grandes
Varillas eléctricas
Colador de malla fina
Cazuela
Batidora de mano
Cuchara pluma decoradora de platos

Precaliente el horno a 180 °C/160 °C con ventilador y forre la base del molde con papel vegetal.

Funda la mantequilla al baño maría. Introduzca las galletas en un robot de cocina y tritúrelas finas. Rocíelas con la mantequilla fundida y remuévalas para rebozarlas de manera uniforme. Cubra el fondo del molde con las migas rebozadas y presiónelas fuerte con la base de un vaso. Hornee la base de la tarta de queso 10 minutos, retírela del horno y resérvela en el molde para que se enfríe a temperatura ambiente. Baje la temperatura del horno a 160 °C/140 °C con ventilador.

Pique fino el chocolate y fúndalo al baño maría. Ponga el queso crema en un bol y bátalo con unas varillas eléctricas hasta que quede esponjoso. Añada poco a poco el azúcar, el chocolate, la maicena tamizada y una pizca de sal y bátalo. Agregue la crema agria, los huevos y la yema adicional y bátalo unos segundos más. Engrase los lados del molde frío con mantequilla.

Vierta la mezcla de queso crema sobre la base de la tarta de queso y hornéela 10 minutos, baje la temperatura a 110 °C/90 °C con ventilador y hornéela 45 minutos más. Apague el horno y deje que la tarta se enfríe en el molde a temperatura ambiente. A continuación, refrigérela 8 horas.

Para preparar la salsa de ruibarbo, retire los hilos a los tallos de ruibarbo, córtelos en trozos y póngalos en una cazuela con el azúcar y 2 cucharadas de agua. Cuézalos a fuego medio 5 o 6 minutos hasta que estén muy blandos. Déjelos enfriar y tritúrelos con una batidora de mano.

Llene la cuchara pluma con la salsa de ruibarbo y apoye la punta en uno de los platos de postre. Cuando la salsa haya caído parcialmente hasta la punta, deslícela por el plato para crear una forma de media luna. Disponga una porción de tarta de queso en cada plato y decore el conjunto con los hilos de chocolate.

TARTA DE DOS CHOCOLATES, CAFÉ Y SAUCO

Barrette ai due cioccolati, caffè e sambuco

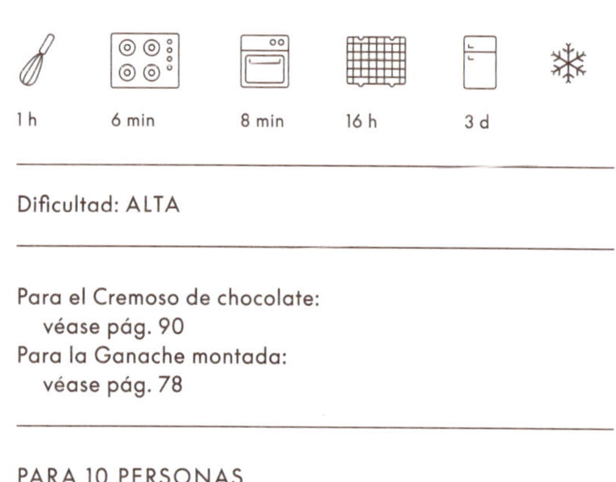

1 h | 6 min | 8 min | 16 h | 3 d

Dificultad: ALTA

Para el Cremoso de chocolate:
véase pág. 90
Para la Ganache montada:
véase pág. 78

PARA 10 PERSONAS

PARA LA GANACHE MONTADA DE CHOCOLATE BLANCO
250 ml de nata para montar
10 granos de café molidos finos
140 g de chocolate blanco

PARA EL BIZCOCHO DE ALMENDRAS
25 g de mantequilla
2 huevos
65 g de azúcar glas
3 claras de huevo
25 g (5 cdtas.) de azúcar extrafino
65 g de harina de almendras
25 g de harina de fuerza o común
20 g (2 cdas. colmadas) de cacao amargo en polvo
100 ml de jarabe de sauco
1 ración de Cremoso de chocolate negro

PARA EL GLASEADO ESPEJO
4 hojas (12 g) de gelatina
160 g de azúcar extrafino
75 g de cacao amargo en polvo
90 ml (6 cdas.) de nata para montar

PARA DECORAR
4 cdas. de azúcar extrafino
10 almendras

Prepare la *ganache* montada siguiendo las indicaciones de la técnica básica pero con las cantidades de esta receta y aromatizando la nata con los granos de café molidos. Cuélela antes de añadirla al chocolate.

Para preparar el bizcocho de almendras, precaliente el horno a 220 °C/200 °C con ventilador y forre la fuente con papel vegetal.

Funda la mantequilla al baño maría. Casque los huevos en un bol, añada el azúcar glas y bátalos con unas varillas eléctricas hasta que estén ligeros y esponjosos. Ponga las claras en otro bol sin grasa y bátalas hasta que se formen picos suaves, incorporando poco a poco el azúcar extrafino. Añada la mitad de la harina de almendras a la mezcla de huevo, remuévala con una espátula de silicona e incorpore la mitad de las claras montadas. Incorpore el resto de la harina de almendras y de las claras montadas. Tamice la harina y el cacao e incorpórelos a la mezcla. Vierta la mantequilla fundida y remueva para incorporarla.

Vierta la masa en la fuente y hornee el bizcocho 8 minutos. Sáquelo del horno y deje que se enfríe. Córtelo a lo largo en tres capas, retire el papel vegetal y deje que se enfríe por completo.

Diluya el jarabe de sauco en 100 ml de agua. Coloque una de las capas de bizcocho en una bandeja de horno y rocíela con un poco del jarabe de sauco para que se empape. Bata la *ganache* con unas varillas eléctricas y extienda la mitad encima del bizcocho con una espátula acodada. Coloque una segunda capa de bizcocho sobre la *ganache* y rocíela con un poco más de jarabe. Extienda el resto de la *ganache* y coloque la tercera capa de bizcocho encima. Por último, extienda el cremoso de chocolate y congele la tarta 12 horas.

Para preparar el glaseado espejo, ponga a remojo las hojas de gelatina en un bol con agua fría 10 minutos hasta que estén rehidratadas y blandas, asegurándose de que queden totalmente sumergidas en el agua. Vierta 100 ml de agua en una cazuela, añada el azúcar, el cacao en polvo tamizado y la nata y llévelo a ebullición. Cuézalo durante 1 minuto y retírelo del fuego. Escurra las hojas de gelatina y estrújelas con las manos para eliminar toda el agua posible. Añádalas a la cazuela y remueva hasta que se disuelvan por completo. Pase la mezcla por un colador y resérvela para que se enfríe a temperatura ambiente.

EQUIPAMIENTO NECESARIO
Fuente de horno de 24 × 18 cm
Papel vegetal
Baño maría
Boles grandes
Varillas eléctricas
Espátula de silicona
Colador
Cuchillo de sierra
Jarra medidora
Bandeja de horno
Espátula acodada
Cazuela
Rejilla de enfriamiento
Bandeja de horno con borde

Fotografía en la página 162

Coloque la tarta congelada en una rejilla sobre una bandeja de horno con borde y vierta por encima el glaseado espejo, dejando que el exceso escurra en la bandeja. Refrigérela 4 horas.

Cuando la vaya a servir, ponga el azúcar en una cazuela y cuézalo hasta obtener un caramelo de color ámbar. Sumerja las almendras en el caramelo, de una en una, con cuidado porque quemará. Páselas a una lámina de papel vegetal y resérvelas hasta que el caramelo se endurezca. Saque la tarta del frigorífico, córtela en raciones y decórelas con una almendra garrapiñada.

VARIANTE
Para una versión más sencilla, monte solo una capa de cada preparación: una base de bizcocho gruesa, el centro con la *ganache* montada y encima el cremoso de chocolate y el glaseado espejo.

TARTA DE CHOCOLATE BLANCO Y FRAMBUESAS

Tarte al cioccolato bianco e lamponi

Dificultad: MEDIA

Para la Pastaflora clásica:
véase pág. 314
Para los Rizos de chocolate:
véase pág. 50

PARA 8 PERSONAS

PARA LA BASE
110 g de mantequilla fría
180 g de harina de fuerza o común
40 g de cacao amargo en polvo
50 g de azúcar extrafino
1 pizca de sal
1 huevo
500 ml de agua fría

PARA LA CREMA
3⅓ hojas (10 g) de gelatina
500 ml de leche entera
6 yemas de huevo
30 g (2½ cdas.) de azúcar extrafino
30 g de harina de fuerza o común
30 g de fécula de patata
140 g de chocolate blanco

PARA DECORAR
200 g de frambuesas frescas
Rizos de chocolate blanco

Para preparar la base de la tarta, corte la mantequilla en dados pequeños. Tamice la harina y el cacao en un bol e introdúzcalos en un robot de cocina. Añada el azúcar, la mantequilla y una pizca de sal y bátalo hasta que la mezcla esté arenosa. Agregue el huevo y el agua fría y bátalo unos segundos más hasta que la masa cubra las cuchillas. Forme un disco con la masa, cúbrala con film transparente y déjela reposar en el frigorífico un mínimo de 30 minutos.

Para preparar la crema, ponga a remojo las hojas de gelatina en un bol con agua fría 10 minutos hasta que estén rehidratadas y blandas, asegurándose de que queden totalmente sumergidas en el agua. Vierta la leche en una cazuela, llévela a ebullición y retírela del fuego. Ponga las yemas en un bol con el azúcar y bátalas con unas varillas eléctricas hasta que estén pálidas y esponjosas. Tamice la harina con la fécula de patata y añádalas, removiendo la mezcla con una espátula de silicona. Vierta la leche de la cazuela y remueva para que se integre. Pase la crema a la cazuela y cuézala a fuego lento 7 u 8 minutos hasta que espese.

Pique fino el chocolate blanco. Escurra las hojas de gelatina y estrújelas con las manos para eliminar toda el agua posible. Retire la crema del fuego y añada la gelatina y el chocolate blanco, removiéndola hasta que la gelatina se disuelva por completo y el chocolate se funda.

Precaliente el horno a 180 °C/160 °C con ventilador.

Sumerja una lámina de papel vegetal en agua, estrújela para eliminar el exceso de agua y resérvela. Sobre una superficie de trabajo ligeramente enharinada, extienda la masa hasta formar un rectángulo de 3 mm de grosor. Colóquelo con cuidado sobre el molde, presionándolo sobre la base y los lados, y recorte la masa que sobresalga por los lados. Pinche la base con un tenedor, cúbrala con la lámina húmeda de papel vegetal y distribuya unas bolas de cerámica por la base.

EQUIPAMIENTO NECESARIO
Cuchillo de chef
Tabla de cortar
Colador
Boles grandes
Robot de cocina
Jarra medidora
Film transparente
Cazuelas
Varillas eléctricas
Espátula de silicona
Papel vegetal
Rodillo de pastelería
Molde rectangular acanalado de 10 × 28 cm
Bolas de cerámica para hornear

Fotografía en la página 163

Hornee la base de la tarta en blanco 20 minutos. Retire el papel y las bolas y continúe horneándola otros 5 o 6 minutos.

Déjela enfriar por completo, desmóldela y rellénela con la crema. Decórela con las frambuesas y los rizos de chocolate blanco.

PASTEL VERTICAL DE CHOCOLATE Y PISTACHOS

Torta arrotolata di cioccolato e pistacchio

1 h | 15 min | 36 min | 5 h | 3 d | 60 d

Dificultad: ALTA

Para el Bizcocho de Saboya: véase pág. 318
Para los Abanicos de chocolate: véase pág. 50

PARA 10 PERSONAS

PARA EL BIZCOCHO DE SABOYA
120 g de mantequilla
12 huevos
360 g de azúcar extrafino
1 pizca de sal
240 g de harina leudante
120 g de harina de pistacho

PARA LA CREMA DE MANTEQUILLA
200 g de chocolate negro al 60%
200 g de mantequilla
400 g de azúcar glas
200 ml de nata para montar

PARA DECORAR
40 g de pistachos picados
Abanicos de chocolate negro al 60%

EQUIPAMIENTO NECESARIO
Fuente de horno rectangular de 20 × 30 cm
Papel vegetal
Baño maría
Batidora amasadora equipada con unas varillas o unas varillas eléctricas y un bol
Colador
Cuchillo de chef
Tabla de cortar
Cazuela
Bol grande
Espátula acodada

Precaliente el horno a 180 °C/160 °C con ventilador y forre la fuente con papel vegetal.

Funda un tercio de la mantequilla al baño maría. Casque cuatro de los huevos en el bol de una amasadora equipada con las varillas o use unas varillas eléctricas y un bol. Añada un tercio del azúcar y una pizca de sal y bátalo hasta que la mezcla esté muy pálida y esponjosa. Agregue un tercio de la harina, tamizada, un tercio de la harina de pistacho y la mantequilla fundida y bátalo para que se integren.

Vierta la masa en la fuente, nivele la superficie y hornéela 12 minutos. Saque el bizcocho del horno y dele la vuelta sobre una lámina de papel vegetal. Retire el papel vegetal de la parte superior y vuelva a colocarlo encima. Empezando por el lado más corto y mientras está caliente, enróllelo hacia usted sujetándolo entre las dos láminas de papel vegetal. Resérvelo para que se enfríe por completo.

Repita la operación con el resto de los ingredientes para hacer otros dos bizcochos rectangulares, pero no los enrolle. Déjelos enfriar.

Para preparar la crema de mantequilla, pique fino el chocolate. Ponga la mantequilla, el azúcar glas, la nata y el chocolate en una cazuela y caliéntelo a fuego lento hasta que la mantequilla y el chocolate se fundan y la mezcla esté brillante y suave. Pásela a un bol, deje que se enfríe a temperatura ambiente y refrigérela durante 1 hora hasta que tenga una consistencia untuosa.

Desenrolle el bizcocho, retire el papel vegetal y, con una espátula acodada, úntelo con una capa fina de crema de mantequilla. Enróllelo de nuevo sobre sí mismo pero sin utilizar papel vegetal. Unte uno de los bizcochos restantes con crema de mantequilla y colóquelo alrededor del bizcocho enrollado, empezando por el borde exterior, para crear un rollo más grande. Repita la operación con el tercer bizcocho y coloque el rollo en posición vertical sobre una fuente. Unte toda la superficie del pastel con la crema de mantequilla restante y decórelo, al gusto, con los pistachos picados y los abanicos de chocolate. Refrigérelo 4 horas antes de servirlo.

Si desea preparar un pastel más bajo, corte los bizcochos por la mitad a lo largo.

CUADRADOS DE TARTA SACHER

Sacher torte in versione mignon

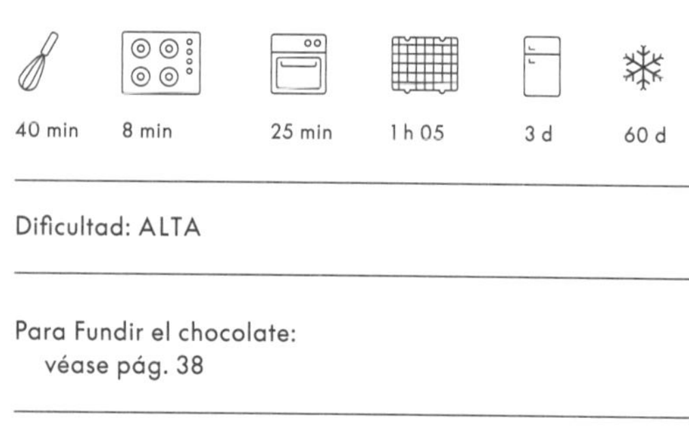

Dificultad: ALTA

Para Fundir el chocolate:
véase pág. 38

PARA 8 PERSONAS

PARA LOS CUADRADOS DE TARTA SACHER
1 vaina de vainilla
140 g de mantequilla a temperatura ambiente
100 g de azúcar glas
1 pizca de sal
6 huevos
230 g de chocolate negro al 60%
140 g de harina de fuerza o común
100 g de mermelada de albaricoque
150 g de azúcar extrafino
4 orejones

EQUIPAMIENTO NECESARIO
Molde para 8 minibrownies cuadrados de 6 cm
Papel vegetal
Cuchillo puntilla
Boles grandes
Varillas eléctricas
Cuchillo de chef
Tabla de cortar
Baño maría
Espátula de silicona
Colador
Rejilla de enfriamiento
Cazuelas
Cuchillo de sierra
Jarra medidora
Bandeja de horno
Pincel de repostería

Precaliente el horno a 170 °C/150 °C con ventilador y forre las cavidades del molde con papel vegetal.

Corte la vaina de vainilla por la mitad a lo largo con una puntilla y raspe las semillas. Ponga la mantequilla en un bol y bátala con unas varillas eléctricas hasta que esté cremosa. Añada el azúcar glas, una pizca de sal y las semillas de vainilla y bátalo. Separe las claras de las yemas y reserve las claras en un bol limpio y sin grasa. Agregue las yemas, de una en una, a la mantequilla cremosa, batiendo cada una antes de añadir la siguiente.

Pique fino el chocolate y funda 130 g al baño maría. Reserve el resto del chocolate picado. Deje que se enfríe el chocolate fundido a temperatura ambiente e incorpórelo a la mezcla, removiéndolo con una espátula de silicona. Con unas varillas eléctricas, bata las claras hasta que se formen picos suaves e incorpórelas a la mezcla. A continuación, incorpore la harina tamizada.

Vierta la masa en el molde forrado y hornéela 25 minutos. Sáquela del horno y déjela reposar en el molde 5 minutos; desmóldela y colóquela sobre una rejilla para que se enfríe por completo.

Caliente la mermelada de albaricoque ligeramente en una cazuela. Corte los pastelitos por la mitad a lo largo, unte la mitad inferior con un poco de la mermelada de albaricoque y vuelva a montarlos. Extienda la mermelada por la parte superior y los lados de los pastelitos, reservando un poco para glasear los orejones.

Vierta 80 ml de agua en una cazuela, añada el azúcar extrafino y llévelo a ebullición. Retírelo del fuego, agregue el chocolate picado reservado y remuévalo hasta que se funda. Deje que el glaseado se enfríe, removiéndolo a menudo para evitar que se forme una piel en la superficie. Coloque los pastelitos en una rejilla sobre una bandeja de horno y viértalo por encima para cubrir la parte superior y los laterales.

Corte los orejones por la mitad y úntelos con un poco de la mermelada de albaricoque templada. Decore cada pastelito con un orejón glaseado. Déjelos reposar durante 1 hora para que el glaseado se endurezca y sírvalos.

PASTEL DE CHOCOLATE Y NUECES CON CARAMELO

Torta di cioccolato e noci dal cuore di caramello

 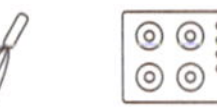 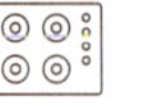 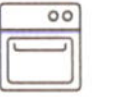  

40 min 5 min 40 min 24 h

Dificultad: MEDIA

Para Fundir el chocolate:
véase pág. 38
Para las Virutas de chocolate:
véase pág. 54

PARA 8-10 PERSONAS

PARA LA SALSA DE CARAMELO
40 g de mantequilla
150 g de azúcar extrafino
120 ml de nata para montar

PARA EL BIZCOCHO
150 g de nueces peladas
150 g de azúcar extrafino
1 pizca de sal
250 g de chocolate negro al 60%
120 g de mantequilla
5 huevos
1 clara de huevo

PARA DECORAR
200 ml de nata para montar
10 g (1 cda. colmada) de cacao amargo en polvo
20 g de nueces peladas
Virutas de chocolate negro

EQUIPAMIENTO NECESARIO
Cuchillo de chef
Tabla de cortar
Cazuelas
Jarra medidora
Espátula de silicona
Molde redondo desmontable de 22 cm
Papel vegetal
Robot de cocina
Baño maría
Bol grande
Varillas eléctricas
Manga pastelera
Boquilla de cinta
Colador de malla fina

Para preparar la salsa de caramelo, corte la mantequilla en dados pequeños. Caliente el azúcar en una cazuela con 3 cucharadas de agua a fuego lento hasta que el azúcar se funda y suba el fuego hasta obtener un caramelo de color ámbar. Retírelo del fuego y añada poco a poco la nata y la mantequilla, removiéndolo con una espátula de silicona hasta que espese. Deje que se enfríe.

Para preparar el bizcocho, precaliente el horno a 180 °C/160 °C con ventilador y forre el molde con papel vegetal.

Ponga las nueces, el azúcar y una pizca de sal en un robot de cocina y tritúrelo hasta obtener un polvo fino. Pique fino el chocolate y corte la mantequilla en dados pequeños. Fúndalos juntos al baño maría. Añada la mezcla de nueces y azúcar al chocolate fundido y remuévalo con una espátula de silicona.

Separe las claras de las yemas y coloque las claras en un bol limpio y sin grasa. Agregue las yemas a la mezcla de chocolate y nueces y remueva para que se incorporen. Bata las claras con unas varillas eléctricas hasta que se formen picos suaves e incorpórelas con la espátula de silicona. Vierta la mitad de la masa en el molde, cúbrala con la salsa de caramelo y rellénelo con el resto de la masa. Hornéelo 40 minutos.

Sáquelo del horno, deje que se enfríe por completo en el molde y páselo a una fuente. Vierta la nata en un bol y bátala con unas varillas eléctricas hasta que se formen picos suaves. Llene una manga pastelera provista de una boquilla de cinta con la nata montada. Escudille unas cuantas líneas onduladas sobre la parte superior del pastel, espolvoréelo con cacao en polvo y esparza las nueces picadas. Para terminar, decórelo con virutas de chocolate.

GALLETAS Y PASTELITOS

GALLETAS DE CHOCOLATE CON PISTACHOS Y FLOR DE SAL

Biscotti cioccolato, pistacchio e fiocchi di sale

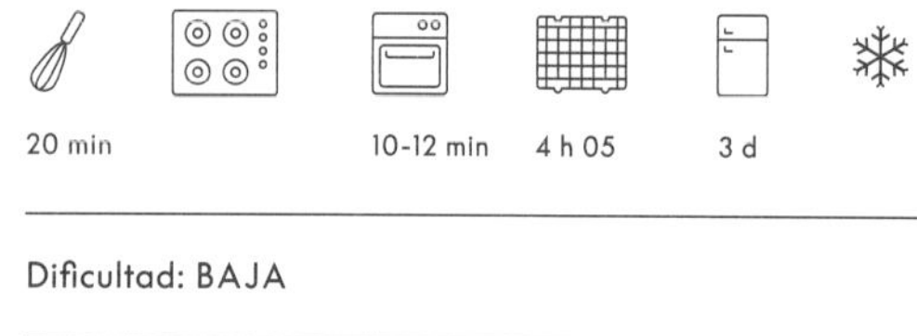

Dificultad: BAJA

PARA 8-10 PERSONAS

PARA LAS GALLETAS
280 g de mantequilla a temperatura ambiente
180 g de azúcar glas
1 pizca de sal
320 g de harina de fuerza o común, y un poco más para espolvorear
60 g de cacao amargo en polvo
½ cdta. de bicarbonato sódico
150 g de pistachos picados, y unos pocos más para decorar
100 g de chocolate negro al 60 %
1 clara de huevo grande
Flor de sal, para esparcir

EQUIPAMIENTO NECESARIO
Bandeja de horno
Papel vegetal
Boles grandes
Varillas eléctricas
Colador
Robot de cocina
Espátula de silicona
Film transparente
Cuchillo de chef
Sello para galletas
Rejilla de enfriamiento

Precaliente el horno a 180 °C/160 °C con ventilador y forre la bandeja de horno con papel vegetal.

Ponga la mantequilla en un bol, añada el azúcar glas y bátala con unas varillas eléctricas hasta que esté esponjosa. Eche una pizca de sal. En otro bol, tamice la harina, el cacao y el bicarbonato y añádalos poco a poco a la mezcla de mantequilla hasta que se incorporen. Introduzca 100 g de los pistachos picados y el chocolate en un robot de cocina y tritúrelos muy finos. Agregue la clara de huevo, los pistachos y el chocolate, removiéndolos con una espátula de silicona.

Divida la masa en cuatro porciones iguales. Sobre una superficie de trabajo ligeramente enharinada, deles forma de cilindro de 5 cm de diámetro. Cubra cada cilindro con film transparente y déjelos reposar en el frigorífico un mínimo de 4 horas.

Retire el film transparente y córtelos en rodajas de 5 mm de grosor. Coloque las galletas, con la parte plana hacia abajo, en la bandeja de horno, separándolas unos 3 cm para que se puedan expandir durante la cocción. Presione cada una con un sello para galletas.

Esparza el resto de los pistachos picados y unas escamas de sal por encima y hornéelas de 10 a 12 minutos. Sáquelas del horno, déjelas reposar en la bandeja 5 minutos y páselas a una rejilla para que se enfríen por completo. Decórelas con unos pistachos picados y unas escamas de sal.

ERRORES MÁS HABITUALES Y CÓMO EVITARLOS
Antes de picar el chocolate en un robot de cocina, enfríelo en el congelador 15 minutos y córtelo en trozos pequeños con un cuchillo para evitar que se caliente y se pegue a las cuchillas.

MUFFINS DE CHOCOLATE Y JENGIBRE CON YOGUR

Muffin allo yogurt con cioccolato al latte e zenzero

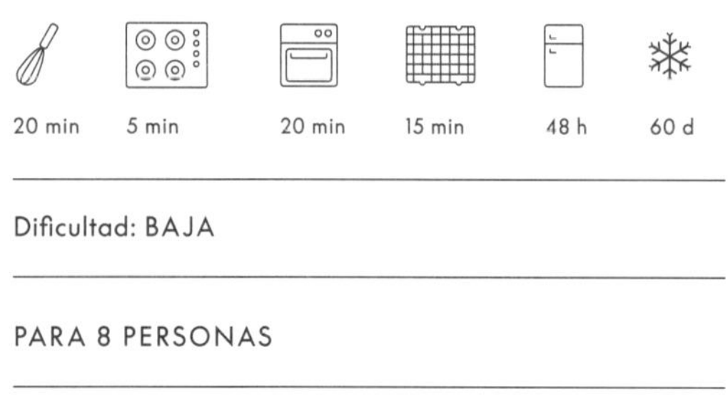

20 min | 5 min | 20 min | 15 min | 48 h | 60 d

Dificultad: BAJA

PARA 8 PERSONAS

PARA LOS MUFFINS
80 g de mantequilla
2 huevos
80 g de azúcar extrafino
250 g de yogur griego entero
1 pizca de sal
280 g de harina de fuerza o común
1 cdta. rasa de levadura en polvo
30 g de cacao amargo en polvo
180 g de chocolate con leche
50 g de jengibre confitado

EQUIPAMIENTO NECESARIO
Molde para muffins
Cápsulas de papel
Cuchillo de chef
Tabla de cortar
Baño maría
Bol grande
Varillas eléctricas
Colador
Espátula de silicona
Rejilla de enfriamiento

Precaliente el horno a 180 °C/160 °C con ventilador y forre el molde para *muffins* con las cápsulas de papel.

Corte la mantequilla en dados pequeños y fúndala al baño maría. Casque los huevos en un bol, añada el azúcar y bátalos con unas varillas eléctricas hasta que estén pálidos y esponjosos. Añada el yogur, una pizca de sal y la mantequilla fundida. Remueva para que se mezclen. Tamice encima la harina, la levadura y el cacao y remuévalo rápido con una espátula de silicona, lo justo para incorporarlos sin trabajar demasiado la masa.

Pique fino el chocolate con leche y corte 40 g del jengibre confitado en dados muy pequeños. Agréguelos y bátalos rápido para incorporarlos. Llene dos tercios de cada cápsula y hornee los *muffins* 20 minutos o hasta que al re en el centro salga limpio. Retírelos del horno, déjelos reposar en el molde 15 minutos y páselos a una rejilla para que se enfríen por completo. Decórelos con el jengibre confitado restante.

CONSEJOS Y TRUCOS
Mezcle los ingredientes el tiempo justo para que se incorporen. Si trabaja demasiado la masa, los *muffins* quedarán duros.

GALLETAS CRAQUELADAS DE CHOCOLATE

Biscotti craquelé

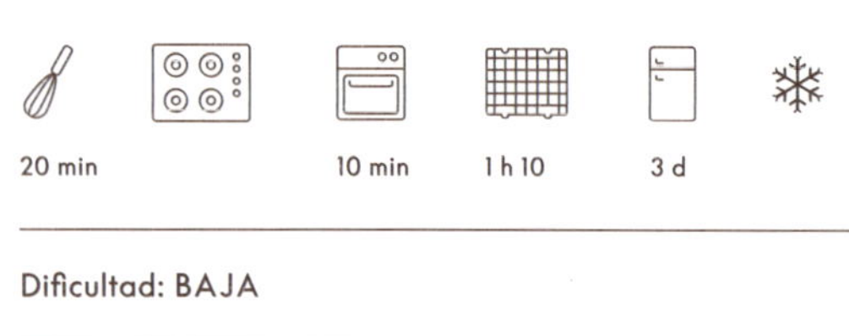

20 min | 10 min | 1 h 10 | 3 d

Dificultad: BAJA

PARA 8 PERSONAS

PARA LAS GALLETAS
60 ml de aceite de girasol
170 g de azúcar extrafino
60 g de cacao amargo en polvo
2 huevos grandes
180 g de harina de fuerza o común
1 cdta. de levadura en polvo
1 pizca de sal
80 g de azúcar glas

EQUIPAMIENTO NECESARIO
Bandeja de horno
Papel vegetal
Jarra medidora
Boles grandes
Colador de malla fina
Varillas manuales o eléctricas
Espátula de silicona
Film transparente
Bandeja pequeña
Rejilla de enfriamiento

Precaliente el horno a 190 °C/170 °C con ventilador y forre la bandeja de horno con papel vegetal.

Vierta el aceite en un bol, añada el azúcar extrafino y el cacao en polvo tamizado y bátalo con unas varillas manuales o eléctricas. Agregue los huevos, de uno en uno, sin dejar de batir, para incorporarlos.

Tamice la harina y la levadura en polvo en otro bol y eche una pizca de sal. Incorpore la mezcla húmeda a los ingredientes secos y remueva con una espátula de silicona hasta obtener una masa lisa y suave. Cubra el bol con film transparente, refrigérelo y déjelo reposar durante 1 hora.

Tamice el azúcar glas en una bandeja pequeña. Tome una cucharadita colmada de masa y forme una bola con las manos. Pásela por el azúcar glas para rebozarla y colóquela en la bandeja de horno forrada. Repita la operación con el resto de la masa, dejando una separación de unos 3 cm entre las galletas para que se puedan expandir durante la cocción.

Hornee las galletas 10 minutos. Sáquelas del horno, déjelas reposar en la bandeja 10 minutos y páselas a una rejilla para que se enfríen por completo.

CONSEJOS Y TRUCOS
Si solo dispone de cacao azucarado en casa, reduzca los 170 g de azúcar extrafino a 120 g.

MACARONS DE CHOCOLATE GIANDUJA

Macaron al cioccolato gianduia

Dificultad: ALTA

Para la Ganache simple:
véase pág. 76

PARA 8 PERSONAS

PARA LOS MACARONS
100 g de ganache simple de gianduja
130 g de harina de almendras
25 g de cacao amargo en polvo
150 g de azúcar glas
150 g de azúcar extrafino
3 claras de huevo

EQUIPAMIENTO NECESARIO
Bandeja de horno
Papel vegetal
Colador
Robot de cocina
Jarra medidora
Cazuela
Batidora amasadora equipada con unas varillas o unas varillas eléctricas y un bol
Termómetro de cocina
Espátula de silicona
Manga pastelera
Boquilla lisa de 1 cm
Manga pastelera o cono desechables

Precaliente el horno a 150 °C/130 °C con ventilador y forre la bandeja de horno con papel vegetal. Coloque la *ganache* simple en el frigorífico para que se enfríe durante 1 hora.

Ponga la harina de almendras, el cacao en polvo y el azúcar glas tamizados en un robot de cocina y bátalos. Vierta 500 ml de agua en una cazuela, añada el azúcar extrafino y llévelo a ebullición.

Coloque las claras en el bol de una amasadora equipada con las varillas, o en un bol con unas varillas eléctricas y bátalas hasta que se formen picos suaves. Cueza el almíbar hasta que alcance los 121 °C y viértalo despacio sobre las claras montadas, batiéndolo constantemente para incorporarlo. Siga batiendo hasta que el merengue se haya enfriado a temperatura ambiente y, a continuación, incorpore la mezcla de almendras, cacao y azúcar glas con una espátula de silicona.

Prepare una manga pastelera con una boquilla lisa, llénela con la mezcla de merengue y escudille montoncitos de 3 cm de diámetro sobre la bandeja de horno forrada. Déjelos reposar 30 minutos para que las conchas de los *macarons* se sequen y formen una piel. Hornéelos de 12 a 15 minutos hasta que se endurezcan. Sáquelos del horno, déjelos en la bandeja para que se enfríen por completo y despéguelos del papel vegetal. Llene una manga pastelera desechable con la *ganache* y córtele la punta. Rellene la parte plana de la mitad de los *macarons* y coloque encima la otra mitad.

CUPCAKES DE CHOCOLATE Y CACAHUETES

Cupcake al cioccolato e arachidi

Dificultad: MEDIA

PARA 6 PERSONAS

PARA LOS CUPCAKES
120 ml de leche entera
1 cdta. de zumo de limón
100 g de harina de fuerza o común
40 g de cacao amargo en polvo
1 cdta. de levadura en polvo
½ cdta. de bicarbonato sódico
1 pizca de sal
2 huevos grandes
120 g de azúcar extrafino
80 ml de aceite de girasol

PARA EL GLASEADO
1 vaina de vainilla
115 g de mantequilla a temperatura ambiente
210 g de azúcar glas
20 g (2 cdas. colmadas) de cacao amargo en polvo
25 ml de leche entera
40 g de mantequilla de cacahuete

PARA DECORAR
40 g de cacahuetes tostados y salados

EQUIPAMIENTO NECESARIO
Molde para muffins
Cápsulas de papel
Jarra medidora
Colador
Boles grandes
Varillas eléctricas
Espátula de silicona
Rejilla de enfriamiento
Cuchillo puntilla
Tabla de cortar
Manga pastelera
Boquilla de cinta

Precaliente el horno a 180 °C/160 °C con ventilador y forre el molde para *muffins* con las cápsulas de papel.

Mezcle la leche con una cucharadita de zumo de limón. Tamice la harina, el cacao, la levadura y el bicarbonato en un bol. Añada una pizca de sal y remuévalo. Casque los huevos en otro bol, agregue el azúcar y el aceite y bátalos con unas varillas eléctricas. Agregue la mitad de la mezcla de huevo batido a los ingredientes secos, vierta la mitad de la leche con limón y bátalo todo bien.

Añada la mezcla de huevo y la leche con limón restantes y remueva con una espátula de silicona hasta incorporar los ingredientes pero sin trabajar demasiado la masa. Llene dos tercios de cada cápsula y hornee los *cupcakes* 20 minutos o hasta que al insertar un palillo en el centro salga limpio. Retírelos del molde y páselos a una rejilla para que se enfríen por completo.

Para preparar el glaseado, corte la vaina de vainilla por la mitad a lo largo con una puntilla y raspe las semillas. Ponga la mantequilla en un bol y bátala con unas varillas eléctricas hasta que esté cremosa. Añada el azúcar glas, el cacao en polvo tamizado y la leche y bátalo unos segundos. Agregue la mantequilla de cacahuete y las semillas de vainilla y bátalo a velocidad media 2 minutos. Prepare una manga pastelera con una boquilla de cinta, llénela con el glaseado y decore los *cupcakes*. Pique los cacahuetes en trozos gruesos, espárzalos por encima y sírvalos.

GALLETAS DE MANTEQUILLA CON CHOCOLATE

Shortbread al cioccolato

Dificultad: MEDIA

PARA 8 PERSONAS

PARA LAS GALLETAS
250 g de harina de fuerza o común
120 g de azúcar glas
50 g de cacao amargo en polvo
200 g de mantequilla fría
1 pizca de sal

PARA EL GLASEADO REAL
250 g de azúcar glas
1 clara de huevo
Unas gotas de zumo de limón

EQUIPAMIENTO NECESARIO
Bandeja de horno
Papel vegetal
Boles grandes
Colador
Cuchillo de chef
Tabla de cortar
Robot de cocina
Film transparente
Rodillo de pastelería
Cortapastas redondo de 6 cm
Rejilla de enfriamiento
Varillas eléctricas
Manga pastelera
Boquilla lisa de 2 mm

Precaliente el horno a 160 °C/140 °C con ventilador y forre la bandeja de horno con papel vegetal.

Tamice la harina, el azúcar glas y el cacao en polvo en un bol. Corte la mantequilla en dados pequeños. Ponga los ingredientes secos en un robot de cocina, añada una pizca de sal y la mantequilla y bátalos hasta que la masa forme una bola. Cúbrala con film transparente y déjela reposar en el frigorífico 30 minutos.

Extienda la masa entre dos láminas de papel vegetal hasta que tenga un grosor de aproximadamente 1 cm y congélela 15 minutos. Retire la lámina superior de papel vegetal y recorte las galletas con el cortapastas. Colóquelas en la bandeja forrada y hornéelas 15 minutos. Sáquelas del horno y páselas a una rejilla para que se enfríen por completo.

Para preparar el glaseado real, ponga el azúcar glas, la clara de huevo y unas gotas de zumo de limón en un bol y bátalo con unas varillas eléctricas hasta que la mezcla quede suave y espesa. Prepare una manga pastelera con una boquilla lisa y llénela con el glaseado. Decore las galletas al gusto, deje que se seque el glaseado y sírvalas.

CONSEJOS Y TRUCOS

Cuando prepare una masa oscura de galletas de mantequilla con cacao en polvo, no enharine la superficie de trabajo. En su lugar, extienda la masa entre dos láminas de papel vegetal para evitar que se vuelva gris. Si lo prefiere, espolvoree la superficie de trabajo con harina, pero recuerde retirarla por completo de la masa con un pincel de repostería.

MADELEINES DE CHOCOLATE Y CANELA

Madeleine al cioccolato profumate alla cannella

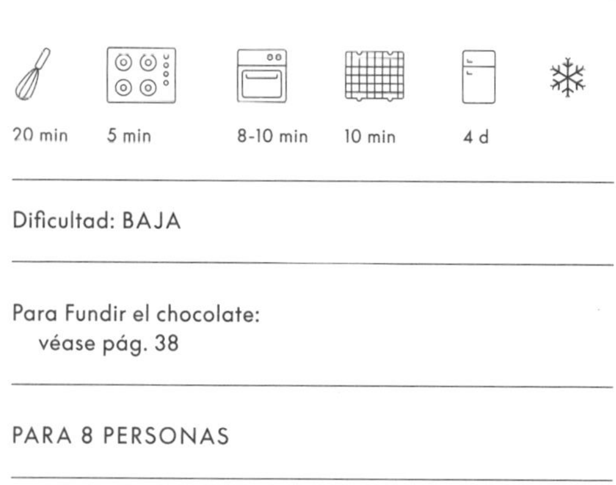

Dificultad: BAJA

Para Fundir el chocolate:
véase pág. 38

PARA 8 PERSONAS

PARA LAS MADELEINES
120 g de mantequilla, y un poco más para engrasar
100 g de chocolate negro al 54%
2 huevos
100 g de azúcar extrafino
80 g de harina de fuerza o común
1 cdta. rasa de levadura en polvo
1 cdta. de canela molida
1 pizca de sal
Azúcar glas, para espolvorear (opcional)

EQUIPAMIENTO NECESARIO
Molde para madeleines
Cuchillo de chef
Tabla de cortar
Baño maría
Bol grande
Varillas eléctricas
Colador
Espátula de silicona
Rejilla de enfriamiento
Colador de malla fina

Precaliente el horno a 210 °C/190 °C con ventilador y engrase el molde para *madeleines* con mantequilla.

Pique fino el chocolate y corte la mantequilla en dados pequeños. Fúndalos al baño maría y deje que se enfríen por completo a temperatura ambiente.

Casque los huevos en un bol, añada el azúcar extrafino y bátalos con unas varillas eléctricas hasta que estén ligeros y esponjosos. Agregue la harina tamizada, la levadura en polvo, la canela y una pizca de sal y remueva todo con una espátula de silicona. Incorpore con cuidado la mezcla de chocolate y mantequilla.

Llene dos tercios de cada cavidad del molde, deje que las *madeleines* reposen 10 minutos y hornéelas de 8 a 10 minutos hasta que estén bien hechas. Deje que se enfríen en el molde unos minutos antes de pasarlas a una rejilla para que se enfríen por completo. Si lo desea, espolvoréelas con azúcar glas antes de servirlas.

VARIANTE
Para que tengan aún más chocolate, sumerja la cara lisa en 100 g de chocolate negro al 60% fundido y deje que se endurezca a temperatura ambiente antes de servirlas.

GALLETAS DE CHOCOLATE CON LECHE CON MASCARPONE Y ARÁNDANOS

Biscottini al cioccolato al latte con mascarpone e mirtilli

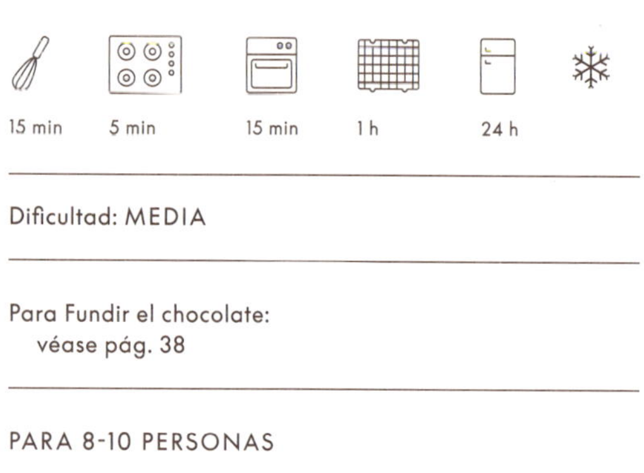

Dificultad: MEDIA

Para Fundir el chocolate:
véase pág. 38

PARA 8-10 PERSONAS

PARA LAS GALLETAS
55 g de chocolate con leche
120 g de mantequilla a temperatura ambiente
50 g de azúcar extrafino de color dorado
1 pizca de sal
1 yema de huevo
100 g de harina de fuerza o común
50 g de cacao amargo en polvo
50 g de azúcar moreno

PARA EL GLASEADO
150 g de queso mascarpone
40 g de azúcar glas
100 g de arándanos frescos

EQUIPAMIENTO NECESARIO
Bandeja de horno
Papel vegetal
Cuchillo de chef
Tabla de cortar
Baño maría
Boles grandes
Varillas eléctricas
Espátula de silicona
Colador
Film transparente
Cuchara de madera
Rejilla de enfriamiento
Manga pastelera
Boquilla lisa de 1 cm

Precaliente el horno a 180 °C/160 °C con ventilador y forre la bandeja de horno con papel vegetal.

Pique fino el chocolate y fúndalo al baño maría. Ponga la mantequilla en un bol, añada el azúcar extrafino y bátala con unas varillas eléctricas hasta obtener una mezcla cremosa. Agregue una pizca de sal, la yema de huevo y el chocolate fundido y remuévalo con una espátula de silicona. Añada la harina tamizada y el cacao en polvo, amáselo para que se incorporen y obtener una masa. Forme una bola con la masa, cúbrala con film transparente y déjela reposar en el frigorífico durante 1 hora.

Ponga el azúcar moreno en un plato llano pequeño. Tome un trozo pequeño de la masa y forme una bola de unos 3 cm de diámetro. Repita la operación con el resto de la masa y pase cada bola por el azúcar moreno. Colóquelas en la bandeja de horno forrada, separándolas unos 3 cm para que se puedan expandir durante la cocción. Presione el centro de cada bola con el dedo índice para hacer una incisión y hornee las galletas 10 minutos. Retírelas del horno y compruebe si están hechas. Si la incisión ha subido, presiónela ligeramente con el mango de una cuchara de madera para crear una hendidura y hornéelas 5 minutos más. Páselas a una rejilla para que se enfríen bien.

Para preparar el glaseado, ponga el mascarpone en un bol con el azúcar glas y bátalo hasta que quede ligero y esponjoso. Prepare una manga pastelera con una boquilla lisa y llénela con el glaseado de mascarpone. Rellene las incisiones de las galletas con el glaseado. Lave los arándanos, séquelos y dispóngalos encima. Sírvalas enseguida.

GALLETAS DE CHOCOLATE, CAFÉ, NARANJA Y ESPECIAS

Biscottini pepati al caffè, arancia e cioccolato

Dificultad: BAJA

PARA 8-10 PERSONAS

PARA LAS GALLETAS
200 g de mantequilla a temperatura ambiente
1 pizca de sal
½ cdta. de pimienta de Jamaica molida
140 g de azúcar glas
La ralladura de 1 naranja (sin cera)
200 g de harina de fuerza o común
50 g de cacao amargo en polvo
1½ cdtas. de café instantáneo

EQUIPAMIENTO NECESARIO
Bandeja de horno
Papel vegetal
Bol grande
Rallador
Varillas eléctricas
Colador
Cuchillo de chef
Rodillo texturizado

Precaliente el horno a 180 °C/160 °C con ventilador y forre la bandeja de horno con papel vegetal.

Ponga la mantequilla en un bol, añada una pizca de sal, la pimienta de Jamaica molida, el azúcar glas y la ralladura de naranja y bátalo todo con unas varillas eléctricas hasta obtener una mezcla cremosa. Tamice la harina y el cacao en polvo, agregue el café y bátalo para obtener una masa.

Colóquela sobre una lámina de papel vegetal y enróllela hasta formar un cilindro de 3 cm de diámetro. Envuélvala con la misma lámina y refrigérela 2 horas como mínimo.

Retire el papel vegetal, corte el cilindro en rodajas de 5 mm de grosor y deles forma de bolas. Aplane cada bola con el rodillo texturizado y coloque las galletas en la bandeja de horno forrada, separándolas unos 3 cm para que se puedan expandir durante la cocción. Hornéelas 10 minutos. Sáquelas del horno, déjelas reposar en la bandeja unos 5 minutos y páselas a una rejilla para que se enfríen por completo. Sírvalas con una taza de café.

MINIFINANCIERS DE CHOCOLATE Y MANTEQUILLA AVELLANA

Mini financier al cioccolato con burro nocciola

Dificultad: BAJA

PARA 8-10 PERSONAS

PARA LOS FINANCIERS
120 g de mantequilla, y un poco más para engrasar
40 g de almendras laminadas
40 g de harina de fuerza o común
30 g de cacao amargo en polvo
150 g de azúcar glas
1 pizca de sal
125 g de harina de almendras
125 g de claras de huevo

EQUIPAMIENTO NECESARIO
Molde para minifinanciers con 12 cavidades rectangulares de 2,5 × 8 cm
Boles grandes
Cazuela pequeña
Colador
Espátula de silicona
Papel de cocina
Rejilla de enfriamiento

Precaliente el horno a 180 °C/160 °C con ventilador y engrase el molde para *financiers* con mantequilla.

Ponga a remojo las almendras laminadas en un bol con agua fría y resérvelas. Coloque la mantequilla en una cazuela y caliéntela hasta que cambie de color. Retírela del fuego y deje que se enfríe a temperatura ambiente. Tamice la harina, el cacao en polvo y el azúcar glas en otro bol. Añada una pizca de sal, la harina de almendras y las claras de huevo y remuévalo bien con una espátula de silicona. Vierta la mantequilla avellana y remueva hasta obtener una masa fina.

Llene el molde con la masa. Escurra las almendras laminadas, séquelas con papel de cocina y coloque un par en cada bizcochito.

Hornéelos de 10 a 12 minutos, hasta que estén bien hechos. Sáquelos del horno, déjelos enfriar en el molde unos minutos y páselos a una rejilla para que se enfríen por completo.

GALLETAS DE DOS CHOCOLATES

Cookies ai due cioccolati

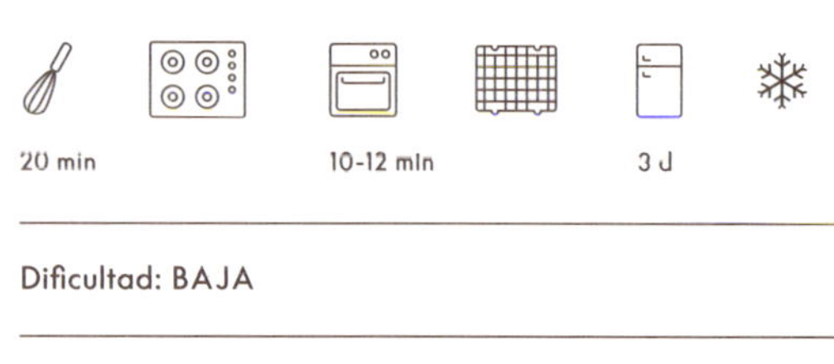

Dificultad: BAJA

PARA 6 PERSONAS

PARA LAS GALLETAS
360 g de harina de fuerza o común
1 cdta. de bicarbonato de sodio
½ cdta. de levadura en polvo
1 vaina de vainilla
225 g de mantequilla a temperatura ambiente
200 g de azúcar moreno
1 pizca de sal
2 huevos grandes
180 g de chocolate negro al 70%
150 g de chocolate gianduja

EQUIPAMIENTO NECESARIO
Bandeja de horno
Papel vegetal
Colador
Boles grandes
Cuchillo puntilla
Varillas eléctricas
Espátula de silicona
Cuchillo de chef
Tabla de cortar
Cuchara para helados grande
Rejilla de enfriamiento

Precaliente el horno a 180 °C/160 °C con ventilador y forre la bandeja de horno con papel vegetal.

Tamice la harina, el bicarbonato y la levadura en un bol. Corte la vaina de vainilla por la mitad a lo largo con una puntilla y raspe las semillas. Ponga la mantequilla, el azúcar, una pizca de sal y las semillas de vainilla en otro bol y bátalo con unas varillas eléctricas hasta que la mezcla esté esponjosa. Añada los huevos, de uno en uno, alternándolos con una cucharada de los ingredientes secos. Incorpore el resto de los ingredientes secos con una espátula de silicona para obtener la masa de las galletas.

Pique los dos tipos de chocolate en trozos gruesos y añádalos. Con la ayuda de una cuchara para helados, haga una bola de masa y colóquela en la bandeja de horno forrada. Repita la operación con el resto de la masa, separando las galletas 3 o 4 cm para que se puedan expandir durante la cocción. Hornéelas de 10 a 12 minutos hasta que se doren ligeramente. Sáquelas del horno, déjelas reposar unos minutos y páselas a una rejilla para que se enfríen por completo.

BIZCOCHOS DE SOLETILLA DE CHOCOLATE

Savoiardi al cioccolato

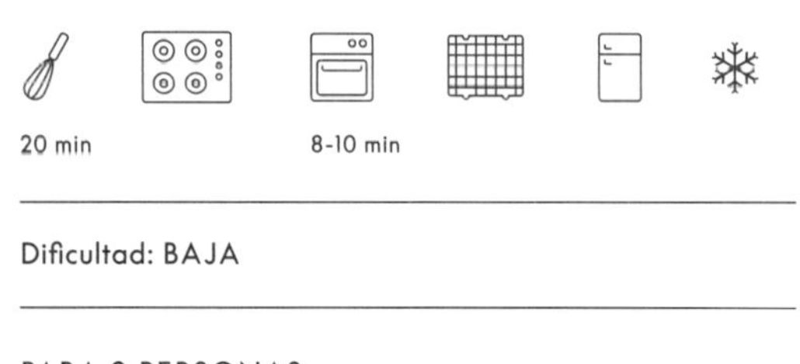

20 min 8-10 min

Dificultad: BAJA

PARA 8 PERSONAS

PARA LOS BIZCOCHOS DE SOLETILLA
3 huevos
1 pizca de sal
80 g de azúcar extrafino
25 g de harina de fuerza o común
20 g (2 cdas. colmadas) de cacao amargo en polvo
45 g de fécula de patata
Azúcar glas, para espolvorear

EQUIPAMIENTO NECESARIO
Bandeja de horno
Papel vegetal
Boles grandes
Varillas eléctricas
Espátula de silicona
Colador
Manga pastelera
Boquilla lisa de 1 cm

Precaliente el horno a 200 °C/180 °C con ventilador y forre la bandeja de horno con papel vegetal.

Separe las claras de las yemas y coloque las claras en un bol limpio y sin grasa con una pizca de sal. Bata las claras con unas varillas eléctricas y añada poco a poco el azúcar.

En otro bol, bata las yemas con un tenedor e incorpórelas despacio a las claras montadas con una espátula de silicona. Agregue la harina tamizada, el cacao en polvo y la fécula de patata e incorpórelos a la mezcla.

Prepare una manga pastelera con una boquilla lisa, llénela con la masa y escudille líneas uniformes de 10 cm de largo sobre la bandeja forrada, separándolas entre sí 3 o 4 cm para que se puedan expandir durante la cocción.

Espolvoréelas con un poco de azúcar glas y déjelas reposar unos 5 minutos. Espolvoréelas de nuevo y hornéelas de 8 a 10 minutos. Sáquelas del horno y deje que se enfríen por completo en la bandeja antes de retirar el papel vegetal. Guárdelas en un recipiente hermético hasta 8 días.

GALLETAS DE AVENA CON CHOCOLATE Y PIÑA

Biscotti di fiocchi d'avena con cioccolato e ananas

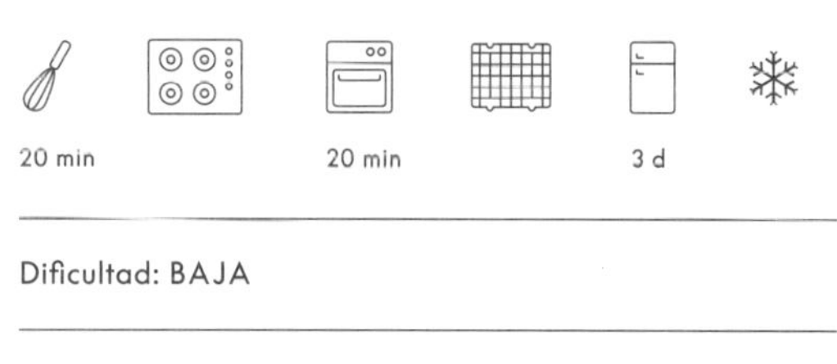

20 min 20 min 3 d

Dificultad: BAJA

PARA 8 PERSONAS

PARA LAS GALLETAS
180 g de chocolate negro al 70%
80 g de piña deshidratada
120 g de mantequilla a temperatura ambiente
130 g de azúcar moreno
1 huevo
1 pizca de sal
140 g de harina T65
½ cdta. de levadura en polvo
80 g de copos de avena

EQUIPAMIENTO NECESARIO
Bandeja de horno
Papel vegetal
Cuchillo de chef
Tabla de cortar
Bol grande
Cuchara de madera o varillas manuales
Colador
Cuchara para helados
Rejilla de enfriamiento

Precaliente el horno a 180 °C/160 °C con ventilador y forre la bandeja de horno con papel vegetal.

Pique el chocolate y corte la piña en trozos pequeños. Ponga la mantequilla en un bol, añada el azúcar y bátala con una cuchara de madera o unas varillas manuales hasta que esté cremosa. Incorpore el huevo y una pizca de sal.

Agregue la harina tamizada, la levadura en polvo, la avena, el chocolate y la piña y remuévalo todo para obtener la masa de las galletas.

Con la ayuda de una cuchara para helados, haga una bola de masa y colóquela en la bandeja de horno forrada. Repita la operación con el resto de la masa, separando las galletas 3 o 4 cm para que se puedan expandir durante la cocción. Hornéelas 20 minutos hasta que se doren ligeramente. Sáquelas del horno, déjelas reposar unos minutos y páselas a una rejilla para que se enfríen por completo.

CONSEJOS Y TRUCOS
Como la masa se expandirá al hacerse, separe los montoncitos de masa unos 3 o 4 cm como mínimo en la bandeja de horno.

BROWNIES DE DULCE DE LECHE

Brownie al dulce de leche

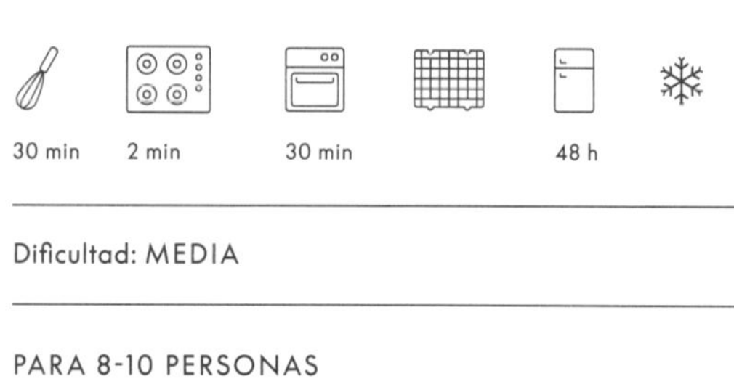

Dificultad: MEDIA

PARA 8-10 PERSONAS

PARA LOS BROWNIES
200 g de chocolate negro al 80%
200 g de mantequilla
400 g de dulce de leche
1 pizca de sal
120 g de azúcar extrafino
4 huevos
130 g de harina de fuerza o común
50 g de cacao amargo en polvo

EQUIPAMIENTO NECESARIO
Fuente de horno cuadrada de 23 cm
Papel vegetal
Cuchillo de chef
Tabla de cortar
Cazuela
Espátula de silicona
Boles grandes
Varillas eléctricas
Colador
Espátula acodada
Manga pastelera o cono desechables

Precaliente el horno a 180 °C/160 °C con ventilador y forre la fuente con papel vegetal.

Pique el chocolate en trozos gruesos. Funda la mantequilla en una cazuela a fuego muy lento, retírela del fuego, añada el chocolate picado y remuévalo con una espátula de silicona hasta que se funda. En un bol, mezcle 180 g del dulce de leche con una pizca de sal y resérvelo.

Vierta el resto del dulce de leche en otro bol, eche el azúcar y los huevos y bátalos con unas varillas eléctricas. Agregue la mezcla de mantequilla y chocolate y bátala. Tamice la harina y el cacao en polvo y remueva para que se incorporen.

Vierta la mitad de la masa en la fuente y extienda parte del dulce de leche salado reservado de manera uniforme con una espátula acodada. Cúbralo con la masa restante, extendiéndola también de manera uniforme, sin que se mezclen las capas. Llene una manga pastelera desechable con el dulce de leche salado que hemos reservado, córtele la punta y escudíllelo por la superficie del *brownie* en forma de zigzag. Hornéelo 30 minutos. Sáquelo del horno, deje que se enfríe por completo en la fuente y córtelo en cuadrados.

BESOS DE CHOCOLATE NEGRO Y ROSA

Baci al cioccolato fondente e ruby

30 min 10 min 12-13 min 7 d

Dificultad: MEDIA

Para Fundir el chocolate: véase pág. 38

PARA 8-10 PERSONAS

PARA LOS BESOS
60 g de chocolate negro al 70%
190 g de harina de fuerza o común
60 g de cacao amargo en polvo
220 g de mantequilla a temperatura ambiente
130 g de azúcar extrafino
1 pizca de sal
1 huevo
200 g de chocolate rosa

EQUIPAMIENTO NECESARIO
Bandeja de horno
Papel vegetal
Cuchillo de chef
Tabla de cortar
Baño maría
Colador
Boles grandes
Varillas manuales o eléctricas
Espátula de silicona
Manga pastelera
Boquilla de estrella grande
Rejilla de enfriamiento

Precaliente el horno a 180 °C/160 °C con ventilador y forre la bandeja de horno con papel vegetal.

Pique fino el chocolate negro y fúndalo al baño maría. Tamice la harina y el cacao en polvo en un bol. Ponga la mantequilla en otro bol, añada el azúcar y una pizca de sal y bátala con unas varillas manuales o eléctricas hasta que quede esponjosa. Eche el huevo y bátalo bien. A continuación, agregue el chocolate negro fundido, removiéndolo con una espátula de silicona, y después la harina tamizada y el cacao, cucharada a cucharada, removiendo después de cada adición.

Prepare una manga pastelera con una boquilla de estrella, llénela con la masa de galletas y escudille los «besos» sobre la bandeja de horno forrada.

Hornéelos 12 o 13 minutos. Retírelos del horno y déjelos reposar unos minutos antes de pasarlos a una rejilla para que se enfríen por completo.

Pique fino el chocolate rosa y fúndalo al baño maría. Páselo a un bol y deje que se enfríe a temperatura ambiente.

Sumerja la parte plana de la mitad de las galletas en el chocolate rosa y coloque encima el resto de las galletas. Rocíe el chocolate rosa fundido restante sobre los «besos» y deje que se endurezca antes de servirlos.

WHOOPIES CON CHOCOLATE BLANCO

Whoopie pie al cioccolato bianco

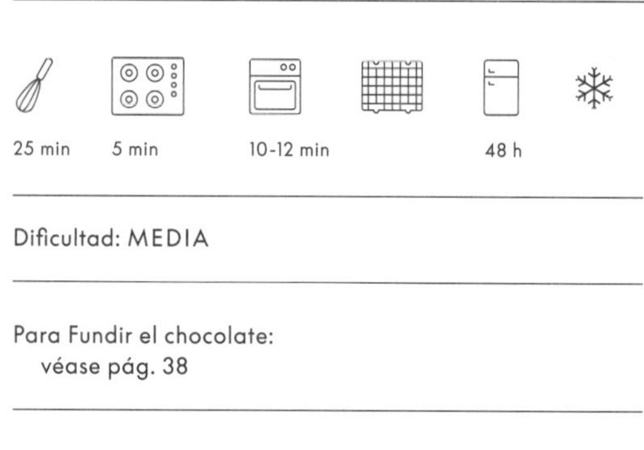

Dificultad: MEDIA

Para Fundir el chocolate:
véase pág. 38

PARA 8 PERSONAS

PARA LOS WHOOPIES
250 g de harina de fuerza o común
1 cdta. colmada de bicarbonato sódico
70 g de cacao amargo en polvo
1 vaina de vainilla
110 g de mantequilla a temperatura ambiente
150 g de azúcar extrafino
1 huevo grande
1 pizca de sal
140 ml de leche entera
Unas gotas de zumo de limón

PARA LA CREMA DE MANTEQUILLA
80 g de chocolate blanco
110 g de mantequilla
250 g de azúcar glas

EQUIPAMIENTO NECESARIO
Bandeja de horno
Papel vegetal
Colador
Boles grandes
Cuchillo puntilla
Varillas eléctricas
Cuchara para helados
Rejilla de enfriamiento
Cuchillo de chef
Tabla de cortar
Baño maría
Manga pastelera o cono desechables

Precaliente el horno a 180 °C/160 °C con ventilador y forre la bandeja de horno con papel vegetal.

Tamice la harina, el bicarbonato y el cacao en polvo en un bol. Corte la vaina de vainilla por la mitad a lo largo con una puntilla y raspe las semillas. Ponga la mantequilla, el azúcar y las semillas de vainilla en otro bol y bátala con unas varillas eléctricas hasta que esté pálida y esponjosa. Añada el huevo, los ingredientes secos tamizados y una pizca de sal y remuévalo hasta que se incorporen. Aderece la leche con 2 o 3 gotas de zumo de limón e incorpórela a la masa.

Con la ayuda de una cuchara para helados, haga una bola de masa y colóquela en la bandeja de horno forrada. Repita la operación con el resto de la masa, separando las galletas 3 o 4 cm para que se puedan expandir durante la cocción. Hornéelas de 10 a 12 minutos hasta que estén bien hechas. Sáquelas del horno, déjelas reposar en la bandeja unos minutos y páselas a una rejilla para que se enfríen por completo.

Para preparar la crema de mantequilla, pique fino el chocolate blanco, fúndalo al baño maría y deje que se enfríe un poco. Coloque la mantequilla en un bol y bátala con unas varillas eléctricas, añadiendo el azúcar glas cucharada a cucharada. Baje la velocidad de las varillas, añada el chocolate fundido y bata la crema 3 o 4 minutos. Llene una manga pastelera desechable y córtele la punta. Escudille la crema de mantequilla sobre la parte plana de la mitad de las galletas y coloque encima la otra mitad.

BOMBONES

BOMBONES DE CHOCOLATE CON NARANJA Y CAYENA

Cioccolatini all'arancia e peperoncino

 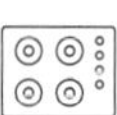   

30 min 10 min 4 h 10 7 d

Dificultad: ALTA

Para Fundir el chocolate:
véase pág. 38
Para la Ganache para bombones y trufas:
véase pág. 74
Para Atemperar el chocolate:
véase pág. 40
Para las Cápsulas de chocolate:
véase pág. 44

PARA 10 PERSONAS

PARA LOS BOMBONES
300 g de chocolate negro al 75%
150 ml de nata para montar
40 g de piel de naranja confitada
1 pizca de cayena molida
400 g de chocolate negro al 60%

EQUIPAMIENTO NECESARIO
Cuchillo de chef
Tabla de cortar
Baño maría
Jarra medidora
Cazuela pequeña
Espátula de silicona
Termómetro de cocina
Tabla de mármol
Rasqueta para chocolate o espátula acodada
Molde de policarbonato para bombones
Rejilla de enfriamiento
Bandeja metálica
Cucharón
Manga pastelera o cono desechables

Pique fino el chocolate negro al 75% y fúndalo al baño maría. Ponga la nata en una cazuela y llévela a ebullición. Retírela del fuego y vierta la nata templada sobre el chocolate fundido, removiéndolo constantemente con una espátula de silicona hasta que se incorpore. Pique fina la piel de naranja confitada y añádala junto con una pizca de cayena molida. Remuévalo y refrigérelo en el bol 4 horas hasta que solidifique.

Atempere el chocolate negro al 60% siguiendo las indicaciones de la técnica básica y viértalo en el molde para bombones. Muévalo en todas las direcciones para cubrir la base y los lados de las cavidades siguiendo las indicaciones de la técnica básica para elaborar cápsulas de chocolate. Dele la vuelta para retirar el exceso de chocolate y guárdelo en un recipiente limpio para reutilizarlo. Reserve las cápsulas para que se solidifiquen.

Cuando se hayan endurecido, llene una manga pastelera desechable con la *ganache* de chocolate y naranja y córtele la punta. Rellene dos tercios de cada cápsula con la *ganache*. Vierta chocolate atemperado encima para sellar el relleno siguiendo las indicaciones de la técnica básica. Refrigere el molde unos 10 minutos para que los bombones cuajen y, a continuación, golpéelo con suavidad contra una superficie de trabajo para desmoldarlos.

ERRORES MÁS HABITUALES Y CÓMO EVITARLOS
Cuando atempere el chocolate, no lo remueva con unas varillas. Utilice únicamente una espátula de silicona para no incorporar aire al chocolate fundido y evitar la formación de burbujas.

COPAS DE CHOCOLATE RELLENAS DE CARAMELO

Ciotoline di cioccolato al caramello

 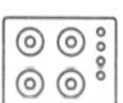   

30 min | 20 min | 48 h | 6 d

Dificultad: MEDIA

Para Fundir el chocolate:
véase pág. 38
Para Atemperar el chocolate:
véase pág. 40
Para las Cápsulas de chocolate:
véase pág. 44

PARA 6 PERSONAS

PARA LAS COPAS DE CHOCOLATE
200 g de chocolate negro al 85%
100 g de azúcar moreno
50 ml de nata para montar
80 g de mantequilla

EQUIPAMIENTO NECESARIO
Baño maría
Termómetro de cocina
Tabla de mármol
Rasqueta para chocolate o espátula acodada
Espátula de silicona
Molde de policarbonato para bombones con cavidades en forma de cúpula de 5 cm de diámetro y 1 cm de alto
Rejilla de enfriamiento
Cucharón
Cazuelas
Jarra medidora
Manga pastelera o cono desechables

Atempere el chocolate negro siguiendo las indicaciones de la técnica básica y viértalo en el molde para bombones. Muévalo en todas las direcciones para cubrir la base y los lados de las cavidades siguiendo las indicaciones de la técnica básica para elaborar cápsulas de chocolate. Dele la vuelta para retirar el exceso de chocolate y guárdelo en un recipiente limpio para reutilizarlo. Reserve las cápsulas para que se solidifiquen.

Cuando el chocolate se haya endurecido, desmóldelo dándole la vuelta al molde y golpeándolo con suavidad sobre una superficie de trabajo.

Ponga el azúcar en una cazuela con 2 cucharadas de agua y cuézalo a fuego vivo hasta obtener un caramelo de color ámbar. Vierta la nata en otra cazuela, llévela a ebullición y añádala al caramelo, removiéndolo con una espátula de silicona. Tenga cuidado de no quemarse, ya que el caramelo estará muy caliente. Prosiga con la cocción 2 o 3 minutos. Mientras, corte la mantequilla en dados pequeños. Retire el caramelo del fuego, añada la mantequilla y deje que se enfríe a temperatura ambiente.

Llene una manga pastelera desechable con el caramelo, córtele la punta y rellene la mitad de las copas de chocolate. Coloque encima el resto de las mitades a modo de tapa.

CONSEJOS Y TRUCOS

Cuando las cápsulas de chocolate se hayan endurecido y sea el momento de desmoldarlas, no las toque directamente. Póngase unos guantes desechables para que el chocolate no se caliente y sus dedos no dejen huellas en la superficie, que estará muy lisa y brillante.

PIRULETAS DE CHOCOLATE ROSA Y GANACHE

«Lecca lecca» di cioccolato ruby con ganache

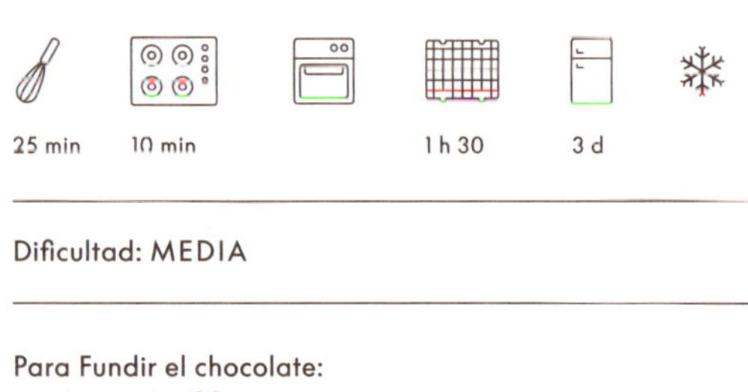

Dificultad: MEDIA

Para Fundir el chocolate:
véase pág. 38
Para Atemperar el chocolate:
véase pág. 40
Para la Ganache para bombones y trufas:
véase pág. 74

PARA 10 PERSONAS

PARA LAS PIRULETAS
400 g de chocolate rosa

PARA LA GANACHE
215 g de chocolate negro al 70%
120 ml de nata para montar
55 g de mantequilla a temperatura ambiente
2-3 gotas de aceite esencial de bergamota de calidad alimentaria, para aromatizar

EQUIPAMIENTO NECESARIO
Baño maría
Termómetro de cocina
Tabla de mármol
Rasqueta para chocolate o espátula acodada
Espátula de silicona
Manga pastelera o cono desechables
2 hojas grandes de acetato
Cuchillo de chef
Tabla de cortar
Bol grande
Jarra medidora
Cazuela
10 palitos de piruleta

Atempere el chocolate rosa siguiendo las indicaciones de la técnica básica. Llene una manga pastelera desechable con el chocolate atemperado, córtele la punta y escudille 20 discos de 5 cm de diámetro sobre las hojas de acetato. Deje que se endurezcan a temperatura ambiente y retírelos con cuidado de las hojas de acetato.

Para preparar la *ganache*, pique fino el chocolate y póngalo en un bol. Vierta la nata en una cazuela, caliéntela a 85 °C y viértala sobre el chocolate. Remuévalo con una espátula de silicona hasta que la temperatura de la *ganache* descienda a 35 °C. Corte la mantequilla en dados pequeños y añádala a la *ganache* con unas gotas de aceite de bergamota. Remuévala y refrigérela durante 1 hora.

Llene una manga pastelera desechable con la *ganache*, córtele la punta y escudíllela sobre la mitad de los discos de chocolate rosa. Coloque los palitos de piruleta sobre la *ganache* y los discos de chocolate rosa restantes encima. Presiónelos ligeramente para sellarlos y déjelos reposar 30 minutos en el frigorífico antes de servirlos.

CONSEJOS Y TRUCOS
Para que los discos tengan un tamaño uniforme, dibuje unos círculos en una lámina de papel vegetal, coloque la hoja de acetato encima y utilícelos como plantilla.

Decore un lado de las piruletas con remolinos de chocolate fundido, si lo desea.

BOMBONES DE CHOCOLATE BLANCO CON FRAMBUESAS

Cioccolatini bianchi con ganache ai lamponi

30 min 10 min 4 h 10 7 d

Dificultad: ALTA

Para la Ganache para bombones y trufas:
véase pág. 74
Para Fundir el chocolate:
véase pág. 38
Para Atemperar el chocolate:
véase pág. 40
Para las Cápsulas de chocolate:
véase pág. 44

PARA 10 PERSONAS

PARA LOS BOMBONES
150 g de frambuesas frescas
700 g de chocolate blanco
180 ml de nata para montar

EQUIPAMIENTO NECESARIO
Boles grandes
Batidora de mano
Colador
Cuchillo de chef
Tabla de cortar
Baño maría
Jarra medidora
Cazuela pequeña
Espátula de silicona
Termómetro de cocina
Tabla de mármol
Rasqueta para chocolate o espátula acodada
Molde de policarbonato para bombones
Rejilla de enfriamiento
Bandeja metálica
Cucharón
Manga pastelera o cono desechables

Triture las frambuesas con una batidora de mano y pase el puré por un colador para eliminar las semillas. Resérvelo. Pique finos 300 g del chocolate y fúndalos al baño maría. Ponga la nata en una cazuela, llévela a ebullición y viértala sobre el chocolate, removiéndolo con una espátula de silicona. Incorpore el puré de frambuesas, deje que la *ganache* se enfríe a temperatura ambiente y refrigérela 4 horas hasta que se solidifique.

Cuando esté lista, atempere el chocolate restante siguiendo las indicaciones de la técnica básica y viértalo en el molde para bombones. Muévalo en todas las direcciones para cubrir la base y los lados de las cavidades siguiendo las indicaciones de la técnica básica para elaborar cápsulas de chocolate. Dele la vuelta para retirar el exceso de chocolate y guárdelo en un recipiente limpio para reutilizarlo. Reserve las cápsulas para que se solidifiquen.

Cuando se hayan endurecido, llene una manga pastelera desechable con la *ganache* de chocolate y frambuesas y córtele la punta. Rellene dos tercios de cada cápsula con la *ganache*. Vierta chocolate atemperado encima para sellar el relleno siguiendo las indicaciones de la técnica básica. Refrigere el molde unos 10 minutos para que los bombones cuajen y, a continuación, golpéelo con suavidad contra una superficie de trabajo para desmoldarlos.

BOMBONES DE CROCANTE DE SÉSAMO Y GANACHE

Cioccolatini morbidi con croccantini al sesamo

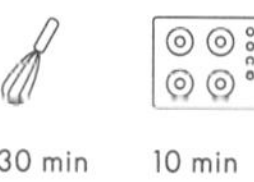    

30 min | 10 min | 10 min | 2 h | 7 d

Dificultad: MEDIA

Para Fundir el chocolate:
véase pág. 38
Para la Ganache para bombones y trufas:
véase pág. 74

PARA 10 PERSONAS

PARA LOS BOMBONES

- 80 g de semillas de sésamo negro, y unas cuantas más para decorar (opcional)
- 20 g (1 cda.) de miel de acacia
- 80 g de azúcar extrafino
- 300 g de chocolate negro al 85%
- 20 g (1½ cdas.) de mantequilla
- 120 ml de nata para montar

EQUIPAMIENTO NECESARIO

- Bandeja de horno
- Cazuelas
- Espátula de silicona
- Papel vegetal
- Rodillo de pastelería
- Cuchillo de chef
- Tabla de cortar
- Baño maría
- Jarra medidora
- Bol grande
- Film transparente
- Varillas eléctricas
- Manga pastelera
- Boquilla lisa de 1,5 cm

Precaliente el horno a 160 °C/140 °C con ventilador.

Esparza las semillas de sésamo sobre una bandeja de horno y tuéstelas en el horno 10 minutos. Ponga la miel y el azúcar en una cazuela y cuézalos hasta obtener un caramelo dorado. Añada el sésamo y remuévalo. Coloque una lámina de papel vegetal sobre una superficie de trabajo y vierta el caramelo en el centro. Cúbralo con una segunda lámina de papel vegetal y, con un rodillo, extienda el caramelo hasta que tenga un grosor de unos 2 mm. Tenga cuidado de no quemarse, ya que el caramelo estará muy caliente. Deje que se enfríe y se endurezca del todo. Retire el papel vegetal y corte el crocante de sésamo en cuadrados de unos 2 cm de lado.

Mientras se enfría, prepare la *ganache*. Pique fino el chocolate y fúndalo al baño maría con la mantequilla. Coloque la nata en una cazuela, llévela a ebullición y viértala sobre el chocolate, en tres tandas iguales, removiéndolo con una espátula de silicona. Deje la *ganache* que se enfríe a temperatura ambiente, cúbrala con film transparente y refrigérela 2 horas.

Bátala con unas varillas eléctricas durante 1 minuto hasta que esté pálida. Llene una manga pastelera provista de una boquilla lisa y escudille un montoncito de *ganache* del tamaño de una avellana sobre cada crocante. Decórelo, si lo desea, con semillas de sésamo negro.

BOMBONES DE CHOCOLATE NEGRO Y JENGIBRE

Cioccolatini fondenti allo zenzero

30 min 15 min 4 h 7 d

Dificultad: ALTA

Para Fundir el chocolate:
véase pág. 38
Para Atemperar el chocolate:
véase pág. 40
Para Bañar:
véase pág. 42
Para Decorar bombones:
véase pág. 64

PARA 10 PERSONAS

PARA LA GANACHE

70 g de azúcar extrafino
160 ml de nata para montar
1 cdta. de miel de acacia
225 g de chocolate con leche
20 g (1½ cdas.) de mantequilla a temperatura ambiente
½ cdta. de jengibre molido

PARA LA BASE

150 g de chocolate negro al 70%

PARA BAÑAR

400 g de chocolate negro al 70%

EQUIPAMIENTO NECESARIO

Cazuelas
Jarra medidora
Cuchillo de chef
Tabla de cortar
Espátula de silicona
Termómetro de cocina
Fuente de horno cuadrada de 20 cm
Film transparente
Espátula acodada
Baño maría
Hoja de acetato
Tabla de mármol
Tenedor para bombones

Para preparar la *ganache*, ponga el azúcar en una cazuela, añada 2 cucharadas de agua y cuézalo hasta obtener un caramelo de color ámbar. Mientras, vierta la nata en otra cazuela, agregue la miel y deje que hierva a fuego lento. Pique fino el chocolate con leche y corte la mantequilla en dados pequeños.

Cuando el caramelo esté listo, retírelo del fuego y vierta despacio la nata, removiéndola con una espátula de silicona. Tenga cuidado de no quemarse, ya que el caramelo estará muy caliente. Añada el chocolate y remuévalo hasta que se funda. Cuando la mezcla esté a 35 °C, agregue la mantequilla y el jengibre. Forre la fuente con film transparente y rellénela con la *ganache*. Nivele la superficie con una espátula acodada y golpee el molde con suavidad contra una superficie de trabajo para eliminar las burbujas de aire. Congélelo 2 horas.

Para preparar la base, pique finos los 150 g de chocolate negro y fúndalos al baño maría. Desmolde la *ganache*, dele la vuelta para retirar el film transparente y extienda el chocolate negro fundido por encima con la ayuda de una espátula acodada para repartirlo de manera uniforme. Nivele la superficie y vuelva a introducir la *ganache* en el congelador otras 2 horas.

Pásela a una hoja de acetato con la base de chocolate negro hacia abajo. Caliente un cuchillo bajo un chorro de agua caliente, séquelo y córtela en rectángulos de 3 × 2 cm.

Atempere los 400 g de chocolate negro para el baño siguiendo las indicaciones de la técnica básica. Con un tenedor para bombones, bañe los rectángulos de chocolate en el chocolate atemperado siguiendo las indicaciones de la técnica básica y, con el mismo tenedor, decore los bombones con líneas paralelas siguiendo las indicaciones de la técnica básica.

TRUFAS DE CHOCOLATE CON CERVEZA Y MIEL DE ACACIA

Tartufi alla birra e miele d'acacia

 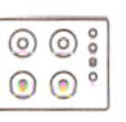  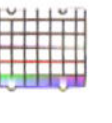 

30 min | 10 min | 2 h | 10 d

Dificultad: MEDIA

Para Fundir el chocolate:
véase pág. 38
Para Atemperar el chocolate:
véase pág. 40
Para Bañar:
véase pág. 42
Para Decorar bombones:
véase pág. 64

PARA 8 PERSONAS

PARA LAS TRUFAS
150 g de chocolate negro al 60%
25 g (1 cda. colmada) de miel de acacia
120 ml de nata para montar
15 g (1 cda.) de mantequilla
30 ml (2 cdas.) de cerveza

PARA BAÑAR
250 g de chocolate negro al 60%

EQUIPAMIENTO NECESARIO
Cuchillo de chef
Tabla de cortar
Baño maría
Jarra medidora
Espátula de silicona
Bandeja de horno
Papel vegetal
Varillas eléctricas
Termómetro de cocina
Tabla de mármol
Rasqueta para chocolate o espátula acodada
Tenedores para bombones
Hojas de acetato

Para preparar la *ganache* para las trufas, pique fino el chocolate y póngalo en un bol al baño maría. Añada la miel, la nata, la mantequilla y la cerveza y remuévalo despacio con una espátula de silicona hasta que el chocolate se funda y todos los ingredientes se hayan incorporado. Refrigérela 2 horas.

Forre la bandeja de horno con papel vegetal. Bata la *ganache* con unas varillas eléctricas hasta que espese. Con la ayuda de dos cucharillas, forme trufas del tamaño de una avellana; evite tocar la *ganache* con las manos, ya que se fundirá. Colóquelas, a medida que las vaya haciendo, en la bandeja e introdúzcala en el frigorífico.

Atempere el chocolate negro para el baño y bañe las trufas siguiendo las indicaciones de la técnica básica, sumergiéndolas de una en una en el chocolate atemperado. Sacúdalas ligeramente para retirar el exceso y colóquelas en una hoja de acetato. Decórelas con el tenedor para bombones siguiendo las indicaciones de la técnica básica.

CONSEJOS Y TRUCOS

Decore las trufas justo después de bañarlas en el chocolate atemperado, con el utensilio adecuado, antes de que el chocolate se endurezca. De lo contrario, la decoración no quedará perfecta.

COPAS DE CHOCOLATE RELLENAS DE GANACHE DE MENTA

Ciotoline di cioccolata con ganache alla menta

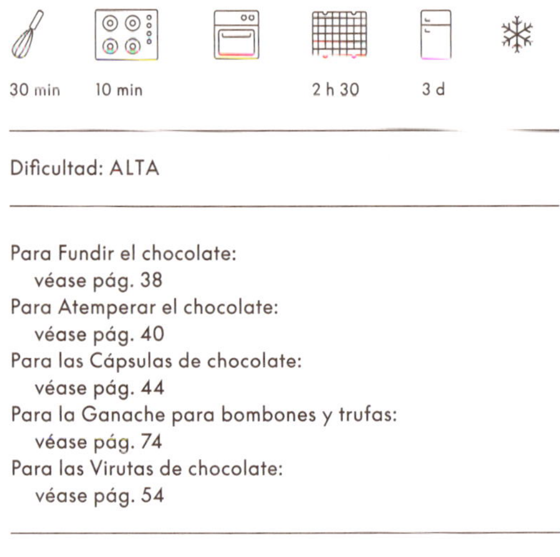

Dificultad: ALTA

Para Fundir el chocolate:
véase pág. 38
Para Atemperar el chocolate:
véase pág. 40
Para las Cápsulas de chocolate:
véase pág. 44
Para la Ganache para bombones y trufas:
véase pág. 74
Para las Virutas de chocolate:
véase pág. 54

PARA 8-10 PERSONAS

PARA LAS COPAS DE CHOCOLATE

200 g de chocolate negro al 60 %
1 manojo de menta
120 ml de nata para montar
200 g de chocolate negro al 75 %
25 g de mantequilla
Virutas de chocolate, para decorar

EQUIPAMIENTO NECESARIO

Baño maría
Termómetro de cocina
Tabla de mármol
Rasqueta para chocolate o espátula acodada
Espátula de silicona
Molde de silicona con cavidades de 3 cm de diámetro
Rejilla de enfriamiento
Bandeja metálica
Cucharón
Cuchillo de chef
Tabla de cortar
Cazuelas
Jarra medidora
Colador de malla fina
Varillas eléctricas
Bol grande
Manga pastelera
Boquilla de estrella

Atempere el chocolate negro al 60 % siguiendo las indicaciones de la técnica básica y viértalo en el molde. Muévalo en todas las direcciones para cubrir la base y los lados de las cavidades siguiendo las indicaciones de la técnica básica para elaborar cápsulas de chocolate. Dele la vuelta para retirar el exceso de chocolate y guárdelo en un recipiente limpio para reutilizarlo. Reserve las cápsulas para que se solidifiquen.

Cuando el chocolate se haya endurecido, desmóldelo dándole la vuelta al molde y golpeándolo con suavidad sobre una superficie de trabajo.

Pique unas 30 hojas de menta en trozos gruesos y póngalas en una cazuela con la nata. Llévela a ebullición, apague el fuego y deje que infusione 30 minutos.

Pique el chocolate negro al 75 % y fúndalo al baño maría. Pase la nata infusionada con menta por un colador de malla fina, viértala sobre el chocolate fundido y remuévalo con una espátula de silicona. Refrigérela 2 horas como mínimo.

Bátala con unas varillas eléctricas durante 1 minuto hasta que esté pálida y esponjosa. Llene una manga pastelera con una boquilla de estrella con la *ganache* de menta y rellene las copas de chocolate. Decórelas, al gusto, con hojas de menta fresca picadas y virutas de chocolate.

COPAS DE CHOCOLATE RELLENAS DE MOUSSE DE CLEMENTINAS

Bicchierini con mousse di clementine al cioccolato

 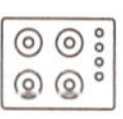   

30 min 15 min 24 h

Dificultad: ALTA

Para Fundir el chocolate:
véase pág. 38
Para Atemperar el chocolate:
véase pág. 40
Para las Cápsulas de chocolate:
véase pág. 44
Para las Virutas de chocolate:
véase pág. 54

PARA 6 PERSONAS

PARA LAS COPAS DE CHOCOLATE
200 g de chocolate negro al 60%
3⅓ hojas (10 g) de gelatina
20 ml (1½ cdas.) de Grand Marnier
2 clementinas sin cera
4 yemas de huevo
125 g de azúcar extrafino
250 ml de nata para montar
20 g (2 cdas. colmadas) de cacao amargo en polvo
Virutas de chocolate, para decorar

EQUIPAMIENTO NECESARIO
Baño maría
Termómetro de cocina
Tabla de mármol
Rasqueta para chocolate o espátula acodada
Espátula de silicona
Vasos desechables para café expreso
Rejilla de enfriamiento
Bandeja metálica
Cucharón
Boles grandes
Cazuela
Jarra medidora
Rallador
Exprimidor
Varillas eléctricas
Colador de malla fina
Varillas manuales

Atempere el chocolate siguiendo las indicaciones de la técnica básica y viértalo en los vasos de café, que servirán de molde. Muévalos en todas las direcciones para cubrir la base y los lados de los vasos siguiendo las indicaciones de la técnica básica para elaborar cápsulas de chocolate. Deles la vuelta para retirar el exceso de chocolate y guárdelo en un recipiente limpio para reutilizarlo. Reserve las cápsulas para que se solidifiquen.

Ponga a remojo las hojas de gelatina en un bol con agua fría 10 minutos hasta que estén rehidratadas y blandas, asegurándose de que queden totalmente sumergidas en el agua. Vierta el Grand Marnier en una cazuela, añada la ralladura y el zumo de una clementina y deje que cueza 5 minutos a fuego lento.

Ponga las yemas y el azúcar en un bol y bátalas con unas varillas eléctricas hasta que estén pálidas y esponjosas. Cuele la mezcla de Grand Marnier y viértala sobre las yemas batidas, removiéndola con unas varillas manuales. Pase la mezcla de yemas a una cazuela y cuézala a fuego lento, removiéndola a menudo, hasta que alcance una temperatura de 85 °C.

Escurra las hojas de gelatina y estrújelas con las manos para eliminar toda el agua posible. Añádalas a la mezcla de yemas y remuévala hasta que se disuelvan por completo. Deje que se enfríe a temperatura ambiente. Vierta la nata en un bol limpio, bátala con unas varillas eléctricas hasta que se formen picos suaves e incorpórela despacio a la mezcla de yemas.

Desmolde las copas de chocolate y páselas por el cacao en polvo para rebozarlas. Rellene las copas con la *mousse* de clementinas y corónelas con la ralladura de la clementina restante y las virutas de chocolate. Resérvelas en el frigorífico.

TRUFAS DE PRALINÉ

Tartufi pralinati

 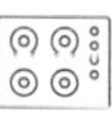   

30 min | 20 min | 2 h | 48 h | 6 d

Dificultad: MEDIA

Para Fundir el chocolate:
véase pág. 38
Para la Ganache para bombones y trufas:
véase pág. 74

PARA 8-10 PERSONAS

PARA LAS TRUFAS
300 g de chocolate con leche
30 g de mantequilla
200 ml de nata para montar
50 g de cacao amargo en polvo

PARA LAS ALMENDRAS GARRAPIÑADAS
150 g de almendras escaldadas
130 g de azúcar extrafino

EQUIPAMIENTO NECESARIO
Sartén
Papel vegetal
Cuchillo de chef
Tabla de cortar
Baño maría
Jarra medidora
Cazuela pequeña
Espátula de silicona
Varillas eléctricas
Colador de malla fina

Para preparar las almendras garrapiñadas, ponga las almendras, el azúcar y 2 cucharadas de agua en una sartén y cuézalas a fuego vivo, removiéndolas a menudo, hasta que el azúcar cristalice y las recubra. Baje el fuego y siga cociéndolas hasta que el azúcar se comience a caramelizar. Páselas a una lámina de papel vegetal, separadas entre sí, y resérvelas para que se enfríen por completo.

Pique fino el chocolate con leche y fúndalo al baño maría con la mantequilla. Vierta la nata en una cazuela y llévela a ebullición. Rocíela sobre el chocolate fundido, removiendo la *ganache* con una espátula de silicona. Refrigérela 2 horas.

Bata la *ganache* con unas varillas eléctricas durante 1 minuto hasta que esté pálida y esponjosa. Pique finos dos tercios de las almendras garrapiñadas y mézclelos con la *ganache*. Tome porciones de la mezcla del tamaño de una nuez, deles forma de bolas del mismo tamaño y páselas por el cacao en polvo tamizado. Decórelas con las almendras restantes y sírvalas.

BOMBONES DE CHOCOLATE CON FLOR DE SAL

Mou al cioccolato con fior di sale

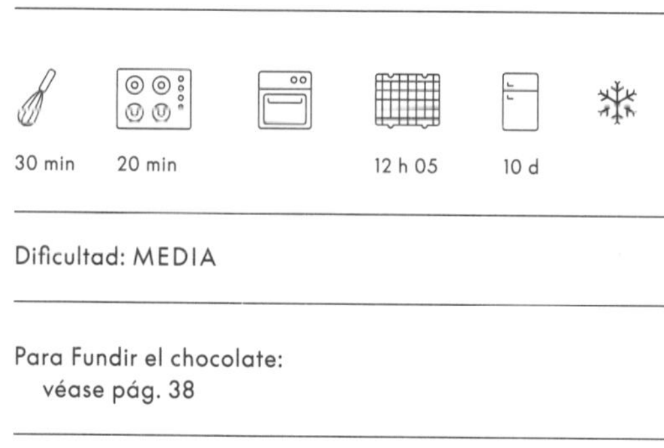

Dificultad: MEDIA

Para Fundir el chocolate:
véase pág. 38

PARA 8-10 PERSONAS

PARA LOS BOMBONES
150 g de chocolate negro al 85%
20 g (1½ cdas.) de mantequilla
1 pizca de sal
200 g de azúcar extrafino
200 ml de nata para montar
1 pizca de flor de sal, y un poco más para decorar

EQUIPAMIENTO NECESARIO
Cuchillo de chef
Tabla de cortar
Baño maría
Cazuelas
Jarra medidora
Espátula de silicona
Termómetro de cocina
Fuente de horno rectangular de 10 x 20 cm
Papel vegetal

Pique fino el chocolate y fúndalo al baño maría con la mantequilla y una pizca de sal. Ponga el azúcar en una cazuela con 2 cucharadas de agua y caliéntelo hasta obtener un caramelo de color ámbar.

Vierta la nata en otra cazuela, llévela a ebullición y añádala al caramelo, removiéndolo con una espátula de silicona. Tenga cuidado de no quemarse, ya que el caramelo estará muy caliente. Prosiga con la cocción, sin dejar de remover, hasta que alcance una temperatura de 115 °C. Retírelo del fuego y deje que repose 5 minutos. A continuación, viértalo sobre el chocolate y remuévalo para que se incorpore.

Forre una fuente de horno con papel vegetal y vierta la mezcla en la fuente. Esparza una pizca de flor de sal y refrigérela durante 12 horas para que se endurezca. Corte el bombón en cuadrados del tamaño de un bocado, esparza un poco más de flor de sal por encima y sírvalos.

ERRORES MÁS HABITUALES Y CÓMO EVITARLOS
Vierta la nata hirviendo en el caramelo con mucho cuidado, podría salpicarle y quemarse.

TABLETAS DE CHOCOLATE CON PISTACHOS, OREJONES Y JENGIBRE

Tavolette con frutta secca e candita

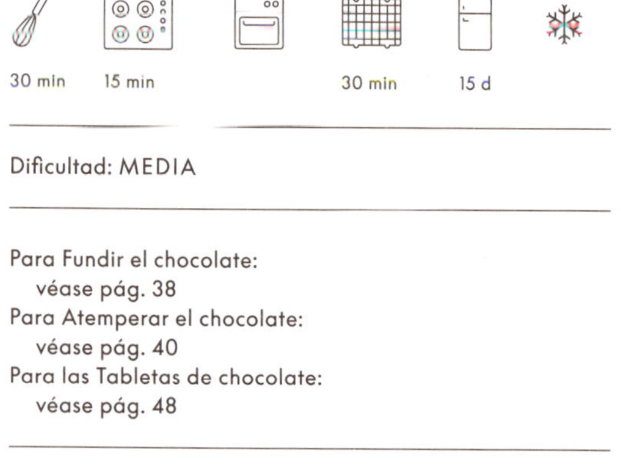

Dificultad: MEDIA

Para Fundir el chocolate:
véase pág. 38
Para Atemperar el chocolate:
véase pág. 40
Para las Tabletas de chocolate:
véase pág. 48

PARA 6 PERSONAS

PARA LAS TABLETAS
20 g de pistachos
200 g de chocolate blanco
200 g de chocolate con leche
200 g de chocolate negro al 60%
3 orejones
10 g de jengibre confitado

EQUIPAMIENTO NECESARIO
Cazuela
Paños de cocina
Cuchillo de chef
Sartén pequeña
Baño maría
Termómetro de cocina
Tabla de marmol
Rasqueta para chocolate o espátula acodada
Espátula de silicona
Manga pastelera o cono desechables
Moldes de policarbonato para tabletas de chocolate
Rejilla de enfriamiento
Bandeja metálica
Cucharón
Cuchillo de chef
Tabla de cortar

Escalde los pistachos en una cazuela con agua hirviendo 30 segundos. Escúrralos y frótelos entre dos paños de cocina para quitarles la piel. Córtelos a lo largo y tuéstelos en una sartén a fuego lento durante 1 minuto.

Atempere los tres tipos de chocolate y rellene los moldes siguiendo las indicaciones de la técnica básica para atemperar los tres tipos de chocolate y hacer tabletas de chocolate. Corte los orejones y el jengibre confitado en dados finos. Esparza los pistachos sobre el chocolate blanco, los orejones sobre el chocolate con leche y el jengibre confitado sobre el chocolate negro mientras aún estén blandos y calientes.

Refrigere los moldes unos 15 minutos y déjelos reposar a temperatura ambiente otros 15 minutos para que el chocolate se endurezca del todo. Dele la vuelta a los moldes y golpéelos con suavidad sobre una superficie de trabajo para desmoldar las tabletas sin romperlas.

ERRORES MÁS HABITUALES Y CÓMO EVITARLOS
Cuando utilice moldes de policarbonato o de silicona para hacer bombones u otros dulces, deben estar bien limpios y secos, sin rayas en el interior que puedan dificultar el desmolde.

BOMBONES DE CHOCOLATE NEGRO CON GANACHE DE CHOCOLATE BLANCO E HINOJO

Cioccolatini fondenti con ganache bianca al finocchio

 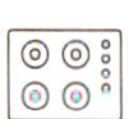    

30 min | 15 min | 1 h 20 | 7 d

Dificultad: ALTA

Para Fundir el chocolate:
véase pág. 38
Para Atemperar el chocolate:
véase pág. 40
Para las Cápsulas de chocolate:
véase pág. 44
Para la Ganache para bombones y trufas:
véase pág. 74

PARA 10 PERSONAS

PARA LAS CÁPSULAS
500 g de chocolate negro al 80 %

PARA LA GANACHE
½ bulbo de hinojo pequeño
125 ml de nata para montar
15 g (1 cda.) de mantequilla a temperatura ambiente
180 g de chocolate blanco

EQUIPAMIENTO NECESARIO
Baño maría
Termómetro de cocina
Tabla de mármol
Rasqueta para chocolate o espátula acodada
Espátula de silicona
Molde de policarbonato para bombones
Rejilla de enfriamiento
Cucharón
Cuchillo de chef
Tabla de cortar
Cazuelas
Jarra medidora
Colador de malla fina
Bol grande
Manga pastelera o cono desechables

Atempere el chocolate negro siguiendo las indicaciones de la técnica básica y viértalo en el molde para bombones. Muévalo en todas las direcciones para cubrir la base y los lados de las cavidades siguiendo las indicaciones de la técnica básica para elaborar cápsulas de chocolate. Dele la vuelta para retirar el exceso de chocolate y guárdelo en un recipiente limpio para reutilizarlo. Reserve las cápsulas para que se solidifiquen.

Para preparar la *ganache*, lave el hinojo y píquelo fino. Póngalo en una cazuela con la nata y caliéntelo a fuego lento. Apague el fuego, tape la cazuela y deje que infusione 40 minutos. Pase la nata por un colador de malla fina, presionando el hinojo con una cuchara para recuperar toda la nata posible. Debería tener 80 ml.

Corte la mantequilla en dados pequeños y resérvela. Pique fino el chocolate blanco y póngalo en un bol. Lleve la nata de hinojo a ebullición, viértala en el chocolate y remueva la mezcla hasta que el chocolate se funda. Cuando esté a 35 °C, añada la mantequilla y remuévala hasta que se funda y se incorpore.

Cuando las cápsulas de chocolate se hayan endurecido, llene una manga pastelera desechable con la *ganache* de hinojo y córtele la punta. Rellene tres cuartas partes de cada cápsula con la *ganache*. Déjelas enfriar 30 minutos.

Vierta chocolate atemperado encima para sellar el relleno siguiendo las indicaciones de la técnica básica. Refrigere el molde durante unos 10 minutos para que los bombones se solidifiquen y, a continuación, golpéelo con suavidad contra una superficie de trabajo para desmoldarlos.

CREMAS, MOUSSES
Y PÚDINES

MOUSSE DE CHOCOLATE BLANCO Y AVELLANAS

Mousse di cioccolato bianco alle nocciole

Dificultad: BAJA

Para las Virutas de chocolate:
véase pág. 54

PARA 4-6 PERSONAS

PARA LA MOUSSE
200 g de chocolate blanco
40 g de avellanas tostadas
30 g de mantequilla
100 ml de nata para montar
2 claras de huevo
40 g de azúcar glas

PARA DECORAR
30 g de avellanas tostadas
Virutas de chocolate negro al 60%

EQUIPAMIENTO NECESARIO
Cuchillo de chef
Tabla de cortar
Robot de cocina
Cazuela
Jarra medidora
Espátula de silicona
Bol grande
Varillas eléctricas
4-6 vasos

Pique fino el chocolate. Introduzca los 40 g de avellanas en un robot de cocina y tritúrelas en trozos gruesos. Ponga la mantequilla en una cazuela y vierta la nata. Caliéntela hasta que la mantequilla se funda, retírela del fuego y añada el chocolate. Remuévalo con una espátula de silicona hasta que el chocolate se funda y agregue las avellanas picadas. Remuévalo de nuevo y deje que se enfríe a temperatura ambiente.

Ponga las claras y el azúcar glas en un bol limpio y sin grasa y bátalas con unas varillas eléctricas hasta que se formen picos suaves. Incorpórelas despacio a la mezcla de chocolate y avellanas y reparta la *mousse* entre los vasos.

Pique finos los 30 g de avellanas. Coloque una viruta de chocolate de forma vertical en cada vaso y esparza unas avellanas picadas. Refrigérelos 2 horas antes de servir.

CONSEJOS Y TRUCOS

Si no dispone de avellanas tostadas, tueste avellanas al natural en un horno precalentado a 180 °C/160 °C con ventilador unos 10 minutos o hasta que empiecen a desprender su aroma. Envuélvalas en un paño, frótelas mientras estén calientes para quitarles la piel y tritúrelas gruesas en un robot de cocina

CREMA COCIDA DE GIANDUJA

Crema cotta al gianduia

Dificultad: MEDIA

Para los Rizos de chocolate:
véase pág. 50

PARA 6 PERSONAS

PARA LA CREMA
200 g de chocolate gianduja
1 vaina de vainilla
250 ml de leche entera
20 g (4 cdtas.) de azúcar extrafino
250 ml de nata para montar
6 yemas de huevo

PARA DECORAR
4 granos de cacao
Rizos de chocolate gianduja

EQUIPAMIENTO NECESARIO
Cuchillo de chef
Tabla de cortar
Boles grandes
Cuchillo puntilla
Jarra medidora
Cazuela pequeña
Colador
Espátula de silicona
Varillas manuales
Colador de malla fina
6 boles de 200 ml
Fuente de horno alta
Mortero y mano de mortero

Precaliente el horno a 160 °C/140 °C con ventilador.

Pique fino el chocolate *gianduja* y colóquelo en un bol. Con una puntilla, corte la vaina de vainilla a lo largo y raspe las semillas. Vierta la leche en una cazuela, añada el azúcar y las semillas de vainilla y llévela a ebullición.

Cuele la leche y viértala en el chocolate. Remuévalo con una espátula de silicona hasta que el chocolate se funda. Incorpore la nata y deje que se enfríe a temperatura ambiente.

Ponga las yemas en otro bol y bátalas con unas varillas manuales. Añádalas despacio a la mezcla de chocolate, removiéndola constantemente. Pase la crema de chocolate por un colador de malla fina y repártala entre los boles.

Colóquelos dentro de una fuente de horno alta y llene la bandeja con agua hirviendo hasta alcanzar dos tercios de la altura de los boles. Introdúzcalos con cuidado en el horno y hornéelos unos 35 minutos. Retírelos de la fuente, déjelos que se enfríen a temperatura ambiente y refrigérelos 6 horas.

Cuando vaya a servir la crema cocida, machaque los granos de cacao en el mortero, espárzalos por encima y decórela con unos rizos de chocolate *gianduja*.

CONSEJOS Y TRUCOS

Si prefiere utilizar chocolate negro en lugar de *gianduja*, necesitará añadir el doble de azúcar.

MOUSSE DE CHOCOLATE NEGRO

Crema spumosa al cioccolato fondente

20 min | 15 min | 5-7 h | 48 h

Dificultad: MEDIA

PARA 6 PERSONAS

PARA LA MOUSSE
250 g de chocolate negro al 72%
40 g de orejones
50 g de azúcar extrafino
1 clavo de especia
200 ml de leche entera
4 yemas de huevo
250 ml de nata para montar

EQUIPAMIENTO NECESARIO
Cuchillo de chef
Tabla de cortar
Cazuelas
Jarra medidora
Baño maría
Varillas eléctricas
Espátula de silicona
Termómetro de cocina
6 vasos
Bol grande
Manga pastelera
Boquilla de estrella

Pique fino el chocolate. Corte los orejones en trozos y póngalos en una cazuela. Añada 1 cucharada de azúcar, el clavo y 100 ml de agua. Cuézalos a fuego lento 5 o 6 minutos hasta que se evapore todo el líquido. Deje que se enfríen a temperatura ambiente y retire el clavo.

Vierta la leche en una cazuela y llévela a ebullición. Ponga las yemas en un bol al baño maría, añada el azúcar restante y bátalas con unas varillas eléctricas hasta que estén pálidas y esponjosas. Vierta la leche caliente en el bol y cueza la crema inglesa al baño maría, removiéndola con una espátula de silicona, 7 u 8 minutos, hasta que espese lo suficiente para cubrir el dorso de una cuchara o hasta que la temperatura alcance los 85 °C. Incorpore el chocolate y remueva hasta que se funda. Deje que se enfríe a temperatura ambiente y refrigérela 3 o 4 horas.

Vierta 200 ml de la nata en un bol, bátala con unas varillas eléctricas hasta que se formen picos suaves e incorpórela despacio a la crema fría. Reparta la *mousse* entre los vasos y refrigérela unas 2 o 3 horas más.

Cuando la vaya a servir, monte la nata restante y llene una manga pastelera provista de una boquilla de estrella. Escudille un remolino de nata montada encima de la *mousse* y corónela con un trozo de orejón.

CONSEJOS Y TRUCOS
La crema también se puede hacer directamente sobre el fuego. Deberá vigilarla bien y removerla de vez en cuando; en cuanto empiece a subir y se formen burbujas en los lados de la cazuela, pásela a un bol.

PUDIN CREMOSO DE CHOCOLATE CON ROSAS DE BAKLAVA

Budino cremoso al cioccolato con roselline di baklava

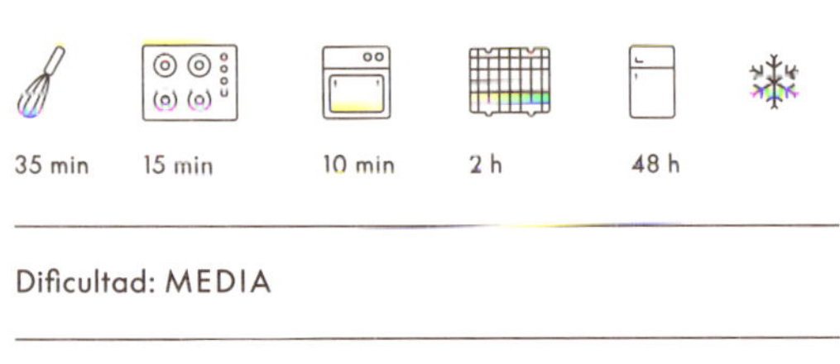

Dificultad: MEDIA

PARA 4 PERSONAS

PARA EL PUDIN
30 g de almendras tostadas
30 g de pistachos sin cáscara y pelados
500 ml de leche entera
100 g de azúcar extrafino
20 g (2 cdas.) de maicena
25 g de cacao amargo en polvo
1 pizca de sal
1 huevo
2 yemas de huevo
100 g de chocolate negro al 60%
30 g de mantequilla

PARA EL BAKLAVA
20 g (1½ cdas.) de mantequilla
20 g (2 cdas. colmadas) de miel de acacia
20 g (2 cdas. colmadas) de pistachos sin cáscara y pelados
2 hojas (40 g en total) de pasta filo
120 g de azúcar extrafino
2 vainas de cardamomo verde
20 g (1 cda.) de miel de acacia
1 cdta. de zumo de limón

PARA DECORAR
Pistachos picados, para esparcir

EQUIPAMIENTO NECESARIO
Cuchillo de chef
Tabla de cortar
4 vasos
Jarra medidora
Cazuelas
Colador
Boles grandes
Varillas manuales
Espátula de silicona
Bandeja de horno
Papel vegetal
Baño maría
Pincel de repostería
Mortero y mano de mortero

Pique las almendras y los pistachos en trozos gruesos y repártalos entre los vasos. Vierta 400 ml de la leche en una cazuela, añada el azúcar y caliéntela a fuego lento hasta que se disuelva, sin dejar de removerla. Tamice la maicena y el cacao en polvo en un bol, agregue una pizca de sal e incorpore el resto de la leche, removiendo la mezcla con unas varillas manuales.

Viértala en la leche hirviendo a fuego lento, removiéndola con unas varillas para evitar que se formen grumos, y cuézala a fuego lento 3 o 4 minutos para que espese. Ponga el huevo y las yemas adicionales en otro bol, agregue un cucharón de la mezcla espesada y remuévalo todo con unas varillas; incorpórelo a la cazuela y cuézalo a fuego muy lento durante 2 minutos, sin dejar de removerlo.

Pique fino el chocolate y corte la mantequilla en dados pequeños. Pase el pudin a un bol, añada el chocolate y la mantequilla y remuévalo con una espátula de silicona hasta que el chocolate y la mantequilla se fundan. Repártalo entre los vasos, sobre las nueces picadas. Deje que se enfríen a temperatura ambiente y refrigérelos 2 horas.

Para preparar el *baklava*, precaliente el horno a 180 °C/160 °C con ventilador y forre la bandeja de horno con papel vegetal.

Funda la mantequilla al baño maría. Pique finos los pistachos. Unte las hojas de pasta filo con la mantequilla fundida y córtelas por la mitad. Coloque una lámina encima de la otra, esparza los pistachos encima junto con 20 g (2 cucharadas) del azúcar y cúbralas con las otras dos láminas untadas también con mantequilla. Corte el *baklava* en tiras de 2 cm de ancho. Dóblelas y enróllelas en forma de rosa. Colóquelas en la bandeja forrada y hornéelas 10 minutos.

Mientras, machaque las vainas de cardamomo en un mortero. Vierta 150 ml de agua en una cazuela, añada la miel, el zumo de limón, las vainas de cardamomo machacadas y el azúcar restante y llévelo a ebullición. Saque las rosas de *baklava* del horno, rocíelas con el jarabe y deje que se enfríen por completo. Saque los púdines del frigorífico, esparza los pistachos picados por encima y decórelos con las rosas.

TARTA DE TRUFA DE CHOCOLATE CON WASABI

Truffle cake con cuore al wasabi

Dificultad: MEDIA

Para Fundir el chocolate:
véase pág. 38
Para los Hilos de chocolate:
véase pág. 56

PARA 8 PERSONAS

PARA EL BIZCOCHO
100 g de mantequilla a temperatura ambiente
120 g de azúcar glas
30 g de cacao amargo en polvo
4 yemas de huevo
250 g de chocolate negro al 70 %
150 ml de nata para montar
1 ración de wasabi del tamaño de una avellana

PARA DECORAR
Cacao amargo en polvo, para espolvorear
1 hilo de chocolate

EQUIPAMIENTO NECESARIO
Boles grandes
Varillas eléctricas
Colador
Cuchillo de chef
Tabla de cortar
Baño maría
Espátula de silicona
Jarra medidora
Molde redondo desmontable de 16 cm
Papel vegetal
Tira de acetato
Manga pastelera
Boquilla de cinta de 2 cm
Colador de malla fina

Ponga la mantequilla en un bol, añada 50 g del azúcar glas y bátala con unas varillas eléctricas hasta que quede suave y esponjosa. Tamice el cacao en polvo encima y bátalo. Ponga las yemas en otro bol con el azúcar restante y bátalas con las varillas manuales hasta que la mezcla se vuelva pálida y esponjosa y doble su volumen.

Pique fino el chocolate y fúndalo al baño maría. Deje que se enfríe a temperatura ambiente y añádalo a la mezcla de mantequilla y azúcar, removiéndolo con una espátula de silicona. Agregue las yemas batidas y remuévalo todo hasta que se incorporen. Vierta la mitad de la nata en un bol limpio, bátala con unas varillas eléctricas hasta que se formen picos suaves e incorpórela despacio. Ponga una cucharada colmada de la mezcla en un bol, añada el wasabi, remueva y reserve.

Forre la base del molde con papel vegetal y los lados con la tira de acetato. Vierta la mitad de la mezcla de chocolate, extienda la mezcla de wasabi por encima y termine con la mezcla de chocolate restante. Refrigere la tarta un mínimo de 6 horas.

Cuando la vaya a servir, vierta la mitad restante de la nata en un bol y bátala a punto de nieve. Llene una manga pastelera provista de una boquilla de cinta con la nata montada. Desmolde la tarta sobre una fuente, espolvoréela con cacao en polvo, escudille la nata montada y decórela con un hilo de chocolate.

ERRORES MÁS HABITUALES Y CÓMO EVITARLOS
Cuando mezcle la mantequilla con el azúcar, deje de batirla cuando esté suave y esponjosa. Si la sigue batiendo, sobrecalentará la mantequilla y se cortará. Será imposible recuperarla y habrá que tirarla. Añada el chocolate a la mezcla de mantequilla y azúcar cuando esté a temperatura ambiente. Si el chocolate está caliente, fundirá la mantequilla y arruinará la textura final de la tarta.

«BONÈT» CON AVELLANAS – PUDIN DE CHOCOLATE Y AMARETTI

«Bonèt» con le nocciole

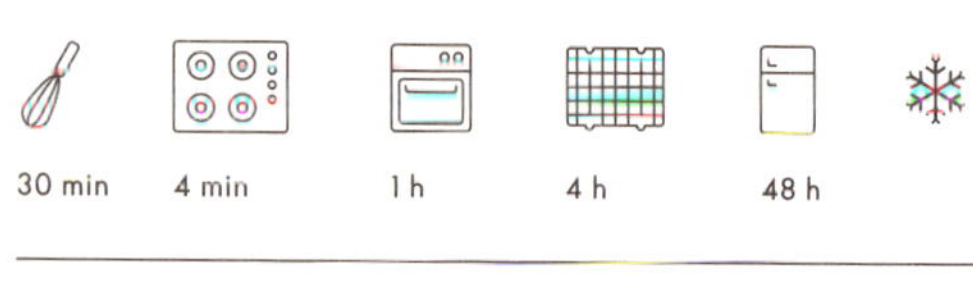

Dificultad: BAJA

PARA 6-8 PERSONAS

PARA EL PUDIN
40 g (3 cdas. colmadas) de azúcar extrafino
200 g de avellanas tostadas
50 g de galletas amaretti
5 huevos
100 g de azúcar glas
500 ml de leche entera
100 g de cacao amargo en polvo
50 ml (3 cdas.) de brandy

PARA DECORAR
2 galletas amaretti
Avellanas tostadas picadas, para esparcir

EQUIPAMIENTO NECESARIO
Cazuela pequeña
Paño de cocina
Molde savarin acanalado de 1 litro o minimolde bundt
Robot de cocina
Boles grandes
Varillas manuales o eléctricas
Jarra medidora
Colador
Espátula de silicona
Fuente de horno alta

Precaliente el horno a 160 °C/140 °C con ventilador.

Ponga el azúcar extrafino en una cazuela, añada 4 cucharadas de agua y cuézalo hasta obtener un caramelo dorado. Sujete el molde savarin con un paño de cocina y vierta con cuidado el caramelo, inclinándolo en todas las direcciones para cubrir la base y los lados.

Introduzca las avellanas y las galletas en un robot de cocina y tritúrelas. Ponga los huevos en un bol junto con el azúcar glas y bátalos con unas varillas manuales o eléctricas hasta obtener una mezcla fina. Incorpore la leche, removiéndola constantemente con una espátula de silicona, y añada las avellanas y las galletas picadas. Agregue el cacao en polvo tamizado y el brandy y remuévalo todo con unas varillas.

Vierta la mezcla en el molde savarin. Colóquelo dentro de una fuente de horno alta y llénela con agua hirviendo hasta alcanzar dos tercios de la altura del molde. Introdúzcalo con cuidado en el horno y hornéelo durante 1 hora. Saque el molde de la fuente, deje que se enfríe a temperatura ambiente y refrigérelo un mínimo de 4 horas.

Cuando lo vaya a servir, dele la vuelta sobre una fuente y decórelo con las galletas amaretti y las avellanas picadas.

BAVAROIS DE CHOCOLATE CON LECHE Y CHOCOLATE DE MÓDICA

Bavarese al cioccolato al latte e cioccolato di Modica

20 min · 10 min · 8 h · 48 h

Dificultad: ALTA

Para la Crema inglesa:
véase pág. 323
Para los Rizos de chocolate:
véase pág. 50 (variante)

PARA 6-8 PERSONAS

PARA LA BAVAROIS
3⅓ hojas (10 g) de gelatina
500 ml de leche entera
3 yemas de huevo
50 g de azúcar extrafino
200 g de chocolate con leche
400 ml de nata para montar

PARA DECORAR
100 g de fresas
10 g de chocolate de Módica
30 g de chocolate con leche

EQUIPAMIENTO NECESARIO
Bol pequeño
Jarra medidora
Cazuela
Baño maría
Varillas manuales
Espátula de silicona
Termómetro de cocina
Cuchillo de chef
Tabla de cortar
Bol grande
Varillas eléctricas
Molde savarin ovalado de 26 x 18 cm
Rallador de chocolate
Pelador de verduras

Ponga a remojo las hojas de gelatina en un bol con agua fría 10 minutos hasta que estén rehidratadas y blandas, asegurándose de que queden totalmente sumergidas en el agua. Caliente la leche en una cazuela a fuego lento y llévela casi a punto de ebullición. Retírela del fuego y deje que se enfríe a temperatura ambiente. Ponga las yemas y el azúcar en un bol al baño maría. Con unas varillas manuales, bátalas hasta que estén pálidas y esponjosas. Incorpore despacio la leche templada, batiéndola constantemente para obtener una crema inglesa fina.

Caliéntela al baño maría, removiéndola constantemente con una espátula de silicona, hasta que empiece a espesar, unos 10 minutos. Compruebe atentamente la temperatura con un termómetro de cocina y cuézala hasta que cubra ligeramente el dorso de una cuchara o hasta que la temperatura alcance los 85 °C.

Pique fino el chocolate. Escurra las hojas de gelatina y estrújelas con las manos para eliminar toda el agua posible. Añada la gelatina y el chocolate a la crema inglesa y remuévala hasta que la gelatina se disuelva por completo y el chocolate se funda. Deje que se enfríe a temperatura ambiente.

Ponga la nata en otro bol, bátala con unas varillas eléctricas hasta que se formen picos suaves e incorpórela despacio a la crema de chocolate. Viértala en el molde savarin y refrigérelo un mínimo de 8 horas.

Cuando la vaya a servir, desmolde la *bavarois*. Para ello, sumerja la base del molde en agua caliente unos segundos y dele la vuelta sobre una fuente. Decórela con fresas cortadas en rodajas, chocolate de Módica y rizos de chocolate con leche rallados con un pelador de verduras.

CONSEJOS Y TRUCOS

Para enfriar la *bavarois* más rápido, después de incorporar la gelatina y el chocolate, ponga el bol en un baño maría frío y remueva hasta que empiece a espesar.

CRÈME BRÛLÉE DE CHOCOLATE ROSA CON GRANOS DE PIMIENTA ROSA

Crème brûlée al cioccolato ruby e pepe rosa

20 min | 10 min | 35 min | 12 h 30 | 24 h

Dificultad: MEDIA

Para Fundir el chocolate:
véase pág. 38

PARA 6 PERSONAS

PARA LA CRÈME BRÛLÉE
1 cdta. de pimienta rosa en grano
300 ml de leche entera
300 g de chocolate rosa
300 ml de nata para montar
4 yemas de huevo
50 g de azúcar glas
3 cdas. de azúcar turbinado (Demerara)

EQUIPAMIENTO NECESARIO
Mortero y mano de mortero
Jarra medidora
Cazuelas
Cuchillo de chef
Tabla de cortar
Baño maría
Colador de malla fina
Espátula de silicona
Bol grande
Varillas manuales o eléctricas
6 ramequines bajos para crème brûlée
Fuente de horno alta
Soplete de cocina

Machaque los granos de pimienta rosa en un mortero. Vierta la leche en una cazuela, añada los granos de pimienta machacados y llévela a ebullición. Apague el fuego, tape la cazuela y deje que infusione 30 minutos.

Precaliente el horno a 180 °C/160 °C con ventilador.

Pique fino el chocolate y fúndalo al baño maría. Recaliente la leche y pásela por un colador de malla fina sobre el chocolate fundido. Remuévalo con una espátula de silicona y deje que se enfríe a temperatura ambiente. Añada la nata, removiéndolo todo bien. En un bol, bata ligeramente las yemas con el azúcar glas con unas varillas manuales o eléctricas y agréguelas a la mezcla.

Reparta la *crème brûlée* entre los ramequines y colóquelos dentro de una fuente de horno alta. Llénela con agua hirviendo hasta alcanzar dos tercios de la altura de los ramequines. Introdúzcalos con cuidado en el horno y hornéelos hasta que cuajen, unos 30 minutos. Saque los ramequines de la fuente, déjelos que se enfríen a temperatura ambiente y refrigérelos 12 horas.

Cuando los vaya a servir, espolvoréelos con el azúcar turbinado y dórelos con un soplete de cocina. Deje que el caramelo se enfríe ligeramente y añada unos granos de pimienta rosa en el centro de cada ramequin, si lo desea.

CONSEJOS Y TRUCOS

El chocolate rosa tiende a perder su color brillante cuando se mezcla con ingredientes más claros, como la leche o la nata. Si desea mantener el color sin cambios, añada a la mezcla unas gotas de colorante alimentario rosa.

PUDIN DE GIANDUJA

Budino al gianduia

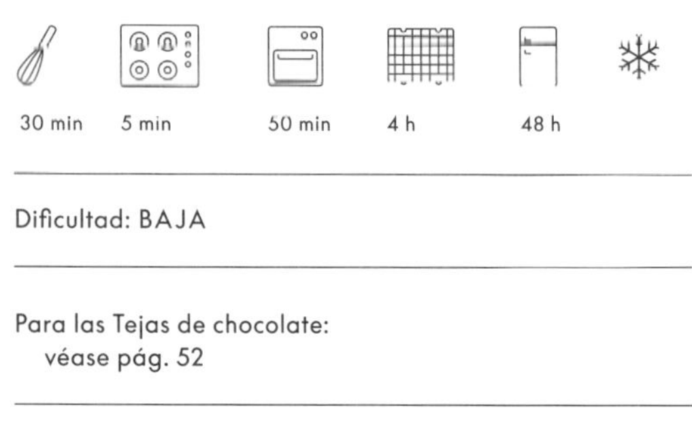

30 min | 5 min | 50 min | 4 h | 48 h

Dificultad: BAJA

Para las Tejas de chocolate:
véase pág. 52

PARA 8 PERSONAS

PARA EL PUDIN
30 g de mantequilla
100 g de azúcar extrafino
200 g de chocolate gianduja
200 ml de leche entera
300 ml de nata para montar
6 huevos

PARA DECORAR
Cacao amargo en polvo, para espolvorear
Tejas de chocolate negro

EQUIPAMIENTO NECESARIO
8 ramequines de 120 ml
Cuchillo de chef
Tabla de cortar
Jarra medidora
Cazuela
Espátula de silicona
Bol grande
Varillas manuales o eléctricas
Fuente de horno alta
Colador de malla fina

Precaliente el horno a 160 °C/140 °C con ventilador.

Engrase los ramequines con la mantequilla y espolvoree la base y los lados con la mitad del azúcar. Pique fino el chocolate *gianduja*. Vierta la leche y la nata en una cazuela y llévelo a ebullición a fuego medio. Retírelo del fuego, añada la *gianduja* y remuévalo con una espátula de silicona hasta que se funda. Casque los huevos en un bol, bátalos con el azúcar restante con unas varillas manuales o eléctricas e incorpórelos a la mezcla de chocolate.

Reparta la mezcla entre los ramequines y colóquelos dentro de una fuente de horno alta. Llénela con agua hirviendo hasta alcanzar dos tercios de la altura de los ramequines. Introdúzcalos con cuidado en el horno y hornéelos 50 minutos. Sáquelos de la fuente y déjelos que se enfríen a temperatura ambiente. Refrigérelos un mínimo de 4 horas.

Cuando los vaya a servir, desmóldelos en una fuente. Espolvoréelos con cacao en polvo y decórelos con las tejas de chocolate.

PANNA COTTA DE CHOCOLATE ROSA CON FRUTOS ROJOS

Panna cotta al cioccolato ruby con frutti di bosco

30 min 15 min 6-8 h 48 h

Dificultad: BAJA

Para las Virutas finas de chocolate:
véase pág. 50

PARA 6 PERSONAS

PARA LA PANNA COTTA
120 g de chocolate rosa
3⅓ hojas (10 g) de gelatina
1 vaina de vainilla
500 ml de nata para montar
40 g (3 cdas. colmadas) de azúcar extrafino

PARA DECORAR
50 g de chocolate rosa
100 g de frutos rojos

EQUIPAMIENTO NECESARIO
Cuchillo de chef
Tabla de cortar
Boles grandes
Cuchillo puntilla
Jarra medidora
Cazuelas
Colador de malla fina
Espátula de silicona
6 flaneras de 150 ml
Rallador mediano
Baño maría
Pincel de repostería
Tabla de mármol
Rasqueta para chocolate o espátula acodada

Pique finos los 120 g de chocolate y póngalos en un bol. Ponga a remojo las hojas de gelatina en un bol con agua fría 10 minutos hasta que estén rehidratadas y blandas, asegurándose de que queden totalmente sumergidas en el agua. Corte la vaina de vainilla por la mitad a lo largo con una puntilla. Vierta la nata en una cazuela, añada la vaina de vainilla y el azúcar y caliéntelo hasta que el azúcar se disuelva.

Escurra las hojas de gelatina y estrújelas con las manos para eliminar toda el agua posible. Añádalas a la mezcla de crema de vainilla y remuévala hasta que se disuelvan por completo. Pásela despacio por un colador de malla fina sobre el chocolate, removiéndolo constantemente con una espátula de silicona hasta que se funda.

Reparta la *panna cotta* entre las flaneras y refrigérelas de 6 a 8 horas para que cuajen.

Cuando las vaya a servir, ralle un poco del chocolate con un rallador mediano y resérvelo. Funda el resto al baño maría y decore los platos con un pincel. Desmóldelas sobre la pincelada de chocolate y corónelas con los frutos rojos y las virutas finas de chocolate.

CONSEJOS Y TRUCOS

Para desmoldar las *panna cottas*, sumerja cada flanera en agua caliente unos segundos y pase un cuchillo pequeño por el borde. Deles la vuelta sobre una fuente con un golpe fuerte.

MOUSSE DE RICOTTA CON CHOCOLATE BLANCO Y MORAS

Mousse di ricotta con cioccolato bianco e more

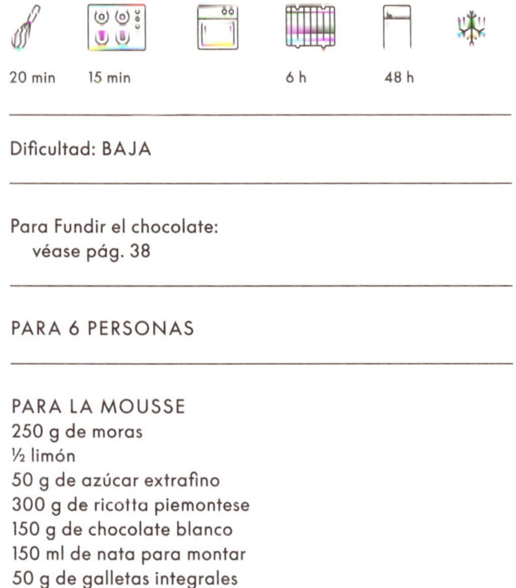

20 min 15 min 6 h 48 h

Dificultad: BAJA

Para Fundir el chocolate:
véase pág. 38

PARA 6 PERSONAS

PARA LA MOUSSE
250 g de moras
½ limón
50 g de azúcar extrafino
300 g de ricotta piemontese
150 g de chocolate blanco
150 ml de nata para montar
50 g de galletas integrales

EQUIPAMIENTO NECESARIO
Papel de cocina
Cazuela
Exprimidor
Boles grandes
Varillas eléctricas
Cuchillo de chef
Tabla de cortar
Baño maría
Espátula de silicona
Jarra medidora
6 vasos

Lave las moras y séquelas sobre papel absorbente. Colóquelas en una cazuela con el zumo de ½ limón y 30 g (2 cucharadas) del azúcar y cuézalas a fuego vivo hasta que empiecen a soltar su jugo. Páselas a un bol y deje que se enfríen a temperatura ambiente.

Ponga la ricotta en un bol, añada el azúcar restante y bátala con unas varillas eléctricas hasta que quede esponjosa. Pique fino el chocolate y fúndalo al baño maría. Deje que se enfríe a temperatura ambiente e incorpore la ricotta con una espátula de silicona.

Vierta la nata en otro bol y bátala con unas varillas eléctricas hasta que se formen picos suaves. Incorpore con cuidado la nata montada a la mezcla de ricotta. Vierta la mitad de la *mousse* de ricotta entre los vasos, añada dos tercios de las moras, con su jugo, y termine el conjunto con la *mousse* restante.

Desmenuce las galletas encima y refrigérelas un mínimo de 6 horas. Corone cada *mousse* con unas moras y sírvalas.

MOUSSE DE ALMENDRAS CON INTERIOR DE CHOCOLATE CON LECHE

Mousse di mandorle con cuore al latte

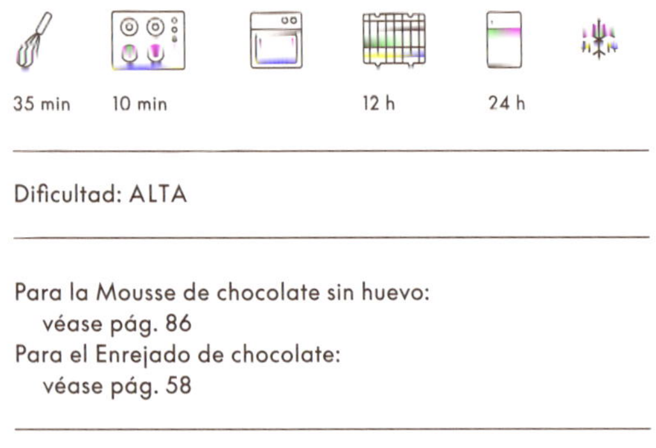

35 min 10 min 12 h 24 h

Dificultad: ALTA

Para la Mousse de chocolate sin huevo:
véase pág. 86
Para el Enrejado de chocolate:
véase pág. 58

PARA 6-8 PERSONAS

PARA LA MOUSSE DE CHOCOLATE CON LECHE
180 g de chocolate con leche
⅓ de hoja (1 g) de gelatina
100 ml de leche entera
200 ml de nata para montar

PARA LA MOUSSE DE ALMENDRAS
1½ hojas (4 g) de gelatina
280 g de pasta de almendras
340 ml de leche entera
340 ml de nata para montar

PARA DECORAR
140 g de chocolate con leche

EQUIPAMIENTO NECESARIO
Boles grandes
Jarra medidora
Cazuelas
Espátula de silicona
Colador
Termómetro de cocina
Varillas eléctricas
Molde de silicona en forma de esfera de 8 cm
Batidora de mano
Molde redondo desmontable de 16 cm
Papel vegetal
Tiras de acetato de 12 cm de ancho y la misma longitud que el molde
Manga pastelera o cono desechables

Prepare la *mousse* de chocolate con leche siguiendo las indicaciones de la técnica básica de la *mousse* de chocolate sin huevo, pero con los ingredientes y las cantidades de esta receta. Rellene el molde con la *mousse* y congélela 4 horas.

Para preparar la *mousse* de almendras, ponga a remojo las hojas de gelatina en un bol con agua fría 10 minutos hasta que estén rehidratadas y blandas, asegurándose de que queden totalmente sumergidas en el agua. Parta la pasta de almendras en trozos pequeños. Vierta la leche en una cazuela y llévela a ebullición. Añada la pasta de almendras y remuévala con una espátula de silicona hasta que se disuelva.

Escurra las hojas de gelatina y estrújelas con las manos para eliminar toda el agua posible. Añádalas a la mezcla de leche, retírela del fuego y remueva hasta que se disuelvan por completo. Tritúrela con una batidora de mano y deje que se enfríe a temperatura ambiente.

Vierta la nata en otro bol y bátala con unas varillas eléctricas hasta que se formen picos suaves. Incorpore con cuidado la nata montada.

Forre la base del molde con papel vegetal y los lados con una de las tiras de acetato. Desmolde la esfera de *mousse* de chocolate con leche congelada. Vierta un tercio de la *mousse* de almendras en el molde y coloque la esfera de *mousse* de chocolate con leche congelada en el centro. Cúbrala con la *mousse* de almendras restante y congélela 4 horas.

Desmolde la *mousse*, retire la tira de acetato y pásela a una fuente. Realice el enrejado de chocolate con 100 g de chocolate con leche, siguiendo las indicaciones de la técnica básica y utilizando la segunda tira de acetato. Colóquelo alrededor de la *mousse* y retire la tira de acetato cuando el chocolate se haya endurecido. Refrigérela 4 horas. Funda el chocolate con leche restante al baño maría, llene una manga pastelera desechable con el chocolate fundido y córtele la punta. Decore la superficie de la tarta con el chocolate con leche.

SUFLÉ DE CHOCOLATE

Soufflé al cioccolato

Dificultad: ALTA

Para Fundir el chocolate:
véase pág. 38

PARA 6 PERSONAS

PARA EL SUFLÉ
80 g de azúcar extrafino
30 g de mantequilla
150 g de chocolate negro al 60%
50 ml (3 cdas.) de leche entera
3 huevos
1 clara de huevo
Azúcar glas, para espolvorear

EQUIPAMIENTO NECESARIO
Pincel de repostería
6 ramequines de 200 ml
Cuchillo de chef
Tabla de cortar
Baño maría
Jarra medidora
Bol grande
Espátula de silicona
Varillas eléctricas
Colador de malla fina

Precaliente el horno a 200 °C/180 °C con ventilador. Reserve 50 g del azúcar extrafino. Use un pincel de repostería para engrasar los ramequines con la mantequilla y espolvoréelos con el azúcar restante, retirando el exceso.

Pique fino el chocolate y fúndalo al baño maría con la leche. Deje que se enfríe a temperatura ambiente. Separe las claras de las yemas y coloque las claras en un bol limpio y sin grasa con la clara adicional. Añada las yemas y 20 g del azúcar a la mezcla de chocolate fundido. Remuévalo despacio con una espátula de silicona.

Con unas varillas eléctricas, bata las claras con el resto del azúcar hasta que estén firmes y brillantes e incorpórelas a la mezcla de chocolate.

Repártala entre los ramequines, rellenándolos 1 cm por debajo del borde, y hornéelos 20 minutos. Sirva los suflés de inmediato, espolvoreados con azúcar glas.

ERRORES MÁS HABITUALES Y CÓMO EVITARLOS
Antes de hornearlos, coloque los ramequines en una bandeja para poder sacarlos del horno a la vez. No abra la puerta durante la cocción para evitar que colapsen.

MOUSSE DE CHOCOLATE BLANCO Y FRUTA DE LA PASIÓN

Mousse al cioccolato bianco e frutti della passione

Dificultad: MEDIA

Para los Rizos de chocolate:
véase pág. 50 (variante)

PARA 6-8 PERSONAS

PARA LA MOUSSE DE CHOCOLATE BLANCO
2 yemas de huevo grandes
50 g de azúcar extrafino
180 ml de leche entera
140 g de chocolate blanco
180 ml de nata para montar

PARA LA MOUSSE DE FRUTA DE LA PASIÓN
3⅓ hojas (10 g) de gelatina
3 yemas de huevo grandes
60 g de azúcar extrafino
180 ml de zumo de fruta de la pasión
30 ml (2 cdas.) de leche entera
10 ml (1 cda.) de nata para montar

PARA DECORAR
3 frutas de la pasión
200 g de papaya
40 g de chocolate blanco

EQUIPAMIENTO NECESARIO
Boles grandes
Varillas eléctricas
Jarra medidora
Cazuelas
Espátula de silicona
Termómetro de cocina
Rallador con orificios grandes
Aro hexagonal de 8 cm
Film transparente
Pelador de verduras

Para preparar la *mousse* de chocolate blanco, ponga las yemas en un bol con el azúcar y bátalas con unas varillas eléctricas hasta que estén pálidas y esponjosas. Vierta la leche en una cazuela, llévela a ebullición a fuego lento e incorpórela en el bol con las yemas batidas, removiéndolas constantemente con una espátula de silicona.

Pase la *mousse* a una cazuela de fondo grueso y cuézala a fuego lento hasta que alcance una temperatura de 85 °C y esté lo suficientemente espesa para cubrir el dorso de una cuchara. Deje que se enfríe a 50 °C.

Ralle el chocolate blanco con un rallador, añádalo a la *mousse* y remueva hasta que el chocolate se funda. Deje que se enfríe a temperatura ambiente.

Vierta la nata en otro bol, bátala con unas varillas eléctricas hasta que se formen picos suaves e incorpórela despacio a la *mousse*. Forre el aro con film transparente y colóquelo en un plato. Vierta la *mousse* en su interior y refrigérela 2 horas.

Para preparar la *mousse* de fruta de la pasión, ponga a remojo las hojas de gelatina en un bol con agua fría 10 minutos hasta que estén rehidratadas y blandas, asegurándose de que queden totalmente sumergidas en el agua. Coloque las yemas en un bol con el azúcar, bátalas con unas varillas eléctricas e incorpore el zumo de fruta de la pasión.

Vierta la leche en otra cazuela y llévela a ebullición. Escurra las hojas de gelatina y estrújelas con las manos para eliminar toda el agua posible. Añádalas a la leche, retírela del fuego y remueva hasta que se disuelvan por completo; incorpórelas a la mezcla de huevo batido y deje que se enfríe a temperatura ambiente.

Vierta la nata en un bol limpio y bátala con unas varillas eléctricas. Incorpórela con cuidado a la *mousse* de fruta de la pasión. Saque el aro del frigorífico y extienda la *mousse* de fruta de la pasión sobre la de chocolate blanco. Refrigérela 4 horas más o hasta que cuaje.

Cuando la vaya a servir, desmóldela sobre una fuente y retire el film transparente. Corte la fruta de la pasión por la mitad, saque la pulpa con una cucharilla y colóquela encima. Corte la papaya en dados finos y colóquelos en un montoncito en el centro. Con un pelador de verduras, haga rizos de chocolate blanco y espárzalos.

PUDIN CREMOSO DE CHOCOLATE CON MENTA Y NECTARINA

Pudding cremoso al cioccolato e menta con pesche

Dificultad: BAJA

Para Fundir el chocolate:
véase pág. 38

PARA 6 PERSONAS

PARA EL PUDIN
170 g de mantequilla, y un poco más para engrasar, a temperatura ambiente
70 g de harina de fuerza o común, y un poco más para espolvorear
180 g de chocolate con menta
3 huevos grandes
3 yemas de huevo grandes
130 g de azúcar extrafino
1 pizca de sal
1 nectarina

EQUIPAMIENTO NECESARIO
6 moldes de hierro fundido de 6 cm
Cuchillo de chef
Tabla de cortar
Baño maría
Bol grande
Varillas manuales o eléctricas
Colador
Espátula de silicona
Sartén

Precaliente el horno a 180 °C/160 °C con ventilador. Engrase los moldes con mantequilla y espolvoréelos con harina.

Pique fino el chocolate y fúndalo al baño maría. Deje que se enfríe a temperatura ambiente.

Ponga los huevos, las yemas adicionales y 100 g del azúcar en un bol y bata la mezcla, con unas varillas manuales o eléctricas, hasta que esté pálida y esponjosa. Corte la mantequilla en trozos pequeños y añádala poco a poco, batiéndola constantemente. Incorpore el chocolate fundido, una pizca de sal y la harina tamizada con una espátula de silicona.

Vierta la masa en los moldes y hornéelos 15 minutos.

Corte la nectarina en gajos y retíreles las pepitas. Corte cada gajo por la mitad a lo ancho y saltéelos en una sartén con el azúcar restante unos 2 minutos, hasta que se caramelicen ligeramente. Sirva los púdines calientes, con unos trocitos de nectarina encima.

«TIRAMISÚ» DE CHOCOLATE, CREMA PASTELERA Y FRAMBUESAS

«Tiramisù» di cioccolato, crema cotta e lamponi

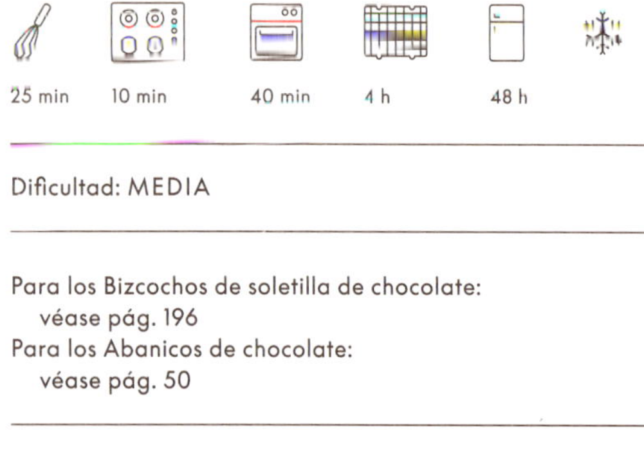

Dificultad: MEDIA

Para los Bizcochos de soletilla de chocolate:
véase pág. 196
Para los Abanicos de chocolate:
véase pág. 50

PARA 4 PERSONAS

PARA LA CREMA PASTELERA DE VAINILLA
1 vaina de vainilla
60 ml de leche entera
200 ml de nata para montar
4 yemas de huevo
50 g de azúcar extrafino
100 g de frambuesas frescas

PARA LA CREMA DE CHOCOLATE
80 g de chocolate negro al 70%
130 ml de leche entera
20 g (4 cdtas.) de azúcar extrafino
1 g (½ cdta.) de agar-agar

PARA MONTAR Y DECORAR
100 g bizcochos de soletilla de chocolate
50 g de frambuesas frescas
8 abanicos de chocolate

EQUIPAMIENTO NECESARIO
Cuchillo puntilla
Tabla de cortar
Jarra medidora
Cazuelas
Bol grande
Varillas manuales o eléctricas
4 ramequines de cristal duro
Fuente de horno alta
Cuchillo de chef
Espátula de silicona

Para preparar la crema pastelera de vainilla, precaliente el horno a 150 °C/ 130 °C con ventilador.

Corte la vaina de vainilla por la mitad a lo largo con una puntilla. Vierta la leche y la nata en una cazuela, añada la vaina de vainilla y llévelo a ebullición. Retírelo del fuego y deje que la mezcla se enfríe a temperatura ambiente. Ponga las yemas en un bol con el azúcar y bátalas con unas varillas manuales o eléctricas. Una vez fría, retire la vaina de la mezcla, añada la mezcla de yemas e incorpórela con unas varillas manuales o eléctricas. Reparta la crema pastelera entre los ramequines.

Colóquelos dentro de una fuente de horno alta y llene la bandeja con agua hirviendo hasta alcanzar dos tercios de la altura de los ramequines. Introdúzcalos con cuidado en el horno y hornéelos hasta que cuajen, unos 40 minutos. Sáquelos de la fuente y déjelos que se enfríen a temperatura ambiente.

Parta los bizcochos de soletilla de chocolate en trozos pequeños y chafe los 100 g de frambuesas con un tenedor. Cubra la crema pastelera con los bizcochos de soletilla de chocolate y frambuesas y refrigérelos.

Para preparar la crema de chocolate, pique fino el chocolate y póngalo en un bol. Vierta la leche, el azúcar y el agar-agar en una cazuela y llévelo a ebullición a fuego lento. Vierta la leche caliente, en tres tandas iguales, sobre el chocolate y remuévalo con una espátula de silicona hasta que se funda. Deje que la crema de chocolate se enfríe a temperatura ambiente, viértala sobre los ramequines y refrigérelos 4 horas. Decore los «tiramisús» con frambuesas y abanicos de chocolate.

SEMIFRÍOS
Y POSTRES HELADOS

HELADO DE CHOCOLATE

Gelato al cioccolato

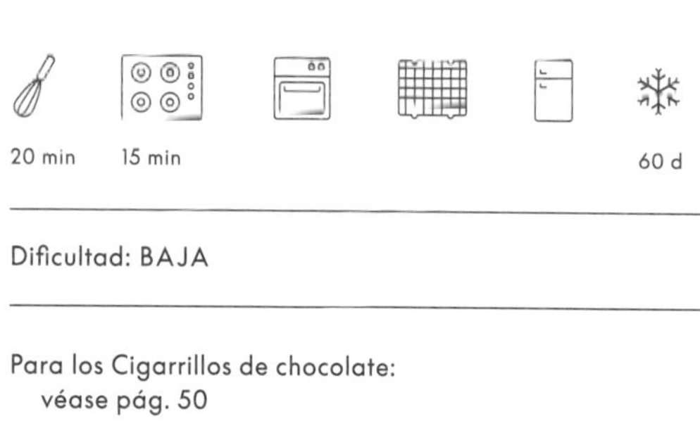

Dificultad: BAJA

Para los Cigarrillos de chocolate:
véase pág. 50

PARA 4 PERSONAS

PARA EL HELADO
100 g de chocolate negro al 60%
1 vaina de vainilla
300 ml de leche entera
6 yemas de huevo
1 pizca de sal
120 g de azúcar extrafino
300 ml de nata para montar

PARA DECORAR
Cigarrillos de chocolate (opcional)

EQUIPAMIENTO NECESARIO
Cuchillo de chef
Tabla de cortar
Cuchillo puntilla
Jarra medidora
Cazuela pequeña
Boles grandes
Varillas eléctricas
Espátula de silicona
Baño maría
Termómetro de cocina
Heladera

Pique fino el chocolate. Con una puntilla, corte la vaina de vainilla a lo largo y raspe las semillas. Vierta la leche en una cazuela, añada la vaina de vainilla y las semillas y caliéntela a fuego lento. Ponga las yemas en un bol, añada una pizca de sal y el azúcar y bátalas con unas varillas eléctricas hasta que estén muy ligeras y esponjosas. Vierta la leche templada en la mezcla de yemas, removiéndola constantemente con una espátula de silicona, y añada la nata.

Cueza la crema al baño maría, removiéndola a menudo, hasta que espese lo suficiente para cubrir el dorso de una cuchara o hasta que la temperatura alcance los 85 °C. Retire la vaina de vainilla, agregue el chocolate y remueva hasta que se funda. Pase la crema a un bol y deje que se enfríe a temperatura ambiente.

Cuando se haya enfriado por completo, viértala en la heladera y bátala siguiendo las instrucciones del fabricante. Sirva el helado, decorado con cigarrillos de chocolate, si lo desea.

CONSEJOS Y TRUCOS

La crema también se puede hacer directamente sobre el fuego. Utilice una cazuela de fondo grueso y cuézala a fuego lento removiéndola constantemente. Cuando empiece a espesar, y sin dejar que llegue a hervir, retírela del fuego y enfríela en un baño maría frío.

SORBETE DE CHOCOLATE

Sorbetto al cioccolato

Dificultad: BAJA

PARA 6-8 PERSONAS

PARA EL SORBETE
200 g de chocolate negro al 70 %
1 vaina de vainilla
120 g de cacao amargo en polvo
1,2 litros de agua recién hervida
250 g de azúcar extrafino
1 pizca de sal
2 granos de cacao

EQUIPAMIENTO NECESARIO
Cuchillo de chef
Tabla de cortar
Cuchillo puntilla
Colador
Cazuela
Jarra medidora
Varillas manuales
Batidora de mano
Fuente de horno
Robot de cocina

Pique fino el chocolate. Con una puntilla, corte la vaina de vainilla a lo largo y raspe las semillas. Tamice el cacao en polvo en una cazuela, añada el agua caliente y remueva con unas varillas manuales.

Agregue el azúcar y llévelo a ebullición. Cueza el almíbar unos 2 o 3 minutos, removiéndolo, hasta que el azúcar se disuelva. Retírelo del fuego y eche una pizca de sal y las semillas de vainilla.

Añada el chocolate y remuévalo hasta que se funda. Bata la mezcla unos segundos con una batidora de mano y viértala en una fuente de horno. Congele el sorbete durante 1 hora, sáquelo del congelador, tritúrelo en un robot de cocina y vuelva a introducirlo en el congelador 1 hora más. Repita la operación otras tres veces hasta que haya estado en el congelador un total de 4 horas.

Cuando lo vaya a servir, pique finos los granos de cacao y espárzalos por encima.

SEMIFRÍO DE CHAI Y CHOCOLATE CON LECHE

Semifreddo chai di cioccolato al latte

 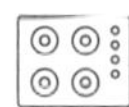    

30 min 15 min 8 h 35 60 d

Dificultad: MEDIA

Para Fundir el chocolate:
véase pág. 38
Para la Pasta bomba de chocolate:
véase pág. 92
Para los Bastones de chocolate:
véase pág. 60

PARA 8 PERSONAS

PARA EL SEMIFRÍO
1 cda. colmada de masala chai
1 ración de pasta bomba de chocolate elaborada con 120 g de chocolate con leche y masala chai
200 ml de nata para montar

PARA DECORAR
Bastones de chocolate con leche elaborados con 200 g de chocolate con leche

EQUIPAMIENTO NECESARIO
Molde redondo desmontable de 18 cm
Film transparente
Jarra medidora
Cazuela pequeña
Cuchillo de chef
Tabla de cortar
Baño maría
Colador de malla fina
Bol grande
Varillas eléctricas
Espátula de silicona
Cucharón
Hoja grande de acetato
Rasqueta para chocolate
Rallador de chocolate

Forre el molde con film transparente.

Vierta 120 ml de agua en una cazuela y llévela a ebullición. Apague el fuego, añada el té y deje que infusione 5 minutos.

Mientras, pique finos 120 g de chocolate y funda la mitad al baño maría. Cuele el té y mézclelo con el chocolate fundido. Deje que se enfríe a temperatura ambiente. Funda el resto del chocolate y resérvelo.

Prepare la pasta bomba como se indica en la técnica básica, sustituyendo el chocolate negro por el chocolate con leche y el té, y deje que se enfríe a temperatura ambiente.

Vierta la nata en un bol y bátala con unas varillas eléctricas. Incorpórela a la pasta bomba con la ayuda de una espátula de silicona. Incorpore también el chocolate fundido. Rellene el molde con la mezcla y congélelo 8 horas.

Mientras, prepare los bastones de chocolate como se indica en la técnica básica.

Saque el semifrío del congelador 30 minutos antes de que lo vaya a servir y desmóldelo dándole la vuelta directamente sobre una fuente. Retírele el film transparente y refrigérelo 30 minutos. Disponga los bastones de chocolate alrededor del semifrío y ralle el chocolate con leche restante por encima.

TARTA DE MERENGUE CON CHOCOLATE, RON Y PASAS

Meringata al cioccolato con uvetta al rum

30 min 10 min 13 h 60 d

Dificultad: ALTA

Para Fundir el chocolate:
véase pág. 38

PARA 8 PERSONAS

PARA EL SEMIFRÍO
80 g de pasas
50 ml (3 cdas.) de ron
60 g de merengues duros
180 g de chocolate negro al 60%
2 huevos grandes
2 yemas de huevo grandes
100 g de azúcar extrafino
250 ml de nata para montar

PARA LA CUBIERTA DE MERENGUE SUAVE
170 g de azúcar extrafino
3 claras de huevo grandes

EQUIPAMIENTO NECESARIO
Molde cuadrado de 20 cm
Film transparente
Boles grandes
Cuchillo de chef
Tabla de cortar
Baño maría
Varillas eléctricas
Jarra medidora
Espátula de silicona
Cazuela
Termómetro de cocina
Soplete de cocina

Forre el molde con film transparente.

Deje a remojo las pasas en el ron durante 1 hora y rompa los merengues duros en trozos gruesos. Pique fino el chocolate y fúndalo al baño maría. Páselo a un bol y deje que se enfríe a temperatura ambiente. Ponga los huevos, las yemas adicionales y el azúcar en otro bol y bata la mezcla con unas varillas eléctricas hasta que esté pálida y esponjosa.

Añada el chocolate fundido y remueva con una espátula de silicona. Agregue las pasas con el ron y los trozos de merengue. Vierta la nata en un bol y bátala con unas varillas eléctricas. Incorpórela con cuidado a la mezcla, viértala en el molde, cúbrala con film transparente y congélela 12 horas.

Cuando vaya a servir el semifrío, prepare la cubierta de merengue. Vierta 60 ml de agua en una cazuela, añada el azúcar y llévelo a ebullición. Cueza el almíbar hasta que alcance los 107 °C. Ponga las claras en un bol limpio y sin grasa y bátalas con unas varillas eléctricas hasta que se formen picos suaves. Vierta despacio el almíbar caliente en las claras montadas, batiéndolo constantemente. Siga batiendo el merengue hasta que se enfríe por completo.

Saque el semifrío del congelador y desmóldelo dándole la vuelta directamente sobre una fuente. Retire el film transparente, extienda el merengue por encima y, con un soplete de cocina, dórelo de manera uniforme.

VARIANTE
Si prefiere que sepa más a chocolate, utilice chocolate negro al 80%. El amargor del chocolate también equilibrará el dulzor del merengue.

BATIDO DE CHOCOLATE Y PLÁTANO

Milkshake di banane e cioccolato

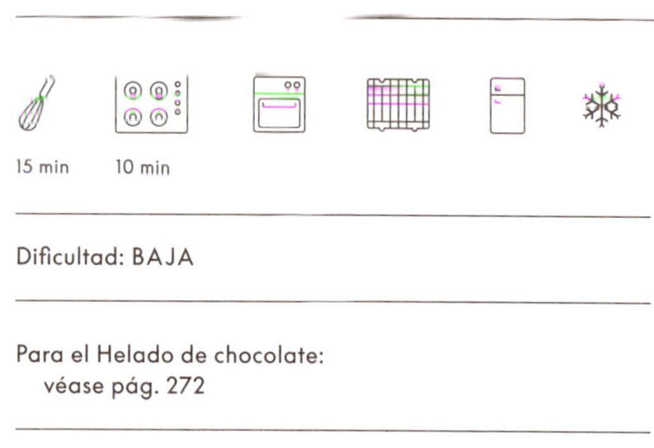

Dificultad: BAJA

Para el Helado de chocolate:
véase pág. 272

PARA 4 PERSONAS

PARA EL BATIDO
80 g de chocolate negro al 75%
30 g (2½ cdas.) de azúcar extrafino
200 ml de nata para montar
3 plátanos
500 g de helado de chocolate
200 ml de leche entera
2 granos de cacao

EQUIPAMIENTO NECESARIO
Cuchillo de chef
Tabla de cortar
Jarra medidora
Cazuela pequeña
Espátula de silicona
Bol grande
Varillas eléctricas
Robot de cocina
Mortero y mano de mortero
4 vasos altos
Manga pastelera
Boquilla de estrella grande

Pique fino el chocolate. Vierta 150 ml de agua en una cazuela, añada el azúcar y llévelo a ebullición, removiéndolo con una espátula de silicona, hasta que se disuelva. Cueza el almíbar 5 minutos y apague el fuego. Añada el chocolate y remuévalo hasta que se funda.

Vierta la nata en un bol, bátala con unas varillas eléctricas y refrigérela. Pele dos plátanos, introdúzcalos en un robot de cocina con el helado de chocolate y la leche y bata la mezcla hasta que tenga una consistencia fina. Corte el plátano restante a lo ancho y machaque los granos de cacao en un mortero.

Reparta el batido entre cuatro vasos altos. Llene una manga pastelera provista de una boquilla de estrella con la nata montada. Escudille la nata sobre el batido y corónelo con unas rodajas de plátano, el jarabe de chocolate y unos trocitos de cacao.

CONSEJOS Y TRUCOS

Cuando vaya a machacar los granos de cacao en un mortero, retíreles primero la piel exterior y macháquelos en trozos pequeños, conocidos como puntas de cacao o *nibs*. Si no encuentra, utilice cacao en polvo sin azúcar.

SEMIFRÍO DE RICOTTA CON NARANJA Y CHOCOLATE

Torta semifreddo alla ricotta con arancia e cioccolato

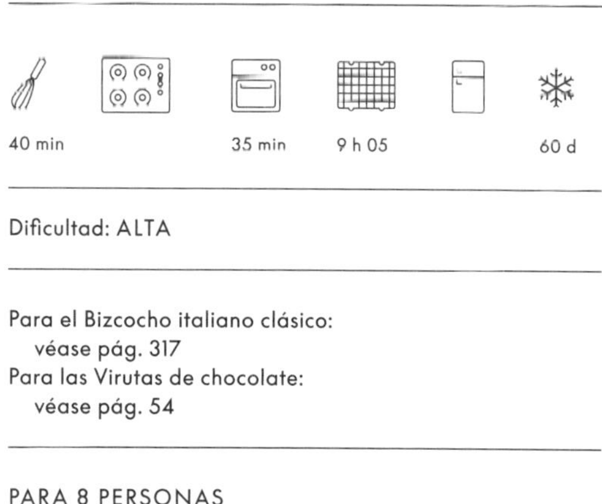

Dificultad: ALTA

Para el Bizcocho italiano clásico:
véase pág. 317
Para las Virutas de chocolate:
véase pág. 54

PARA 8 PERSONAS

PARA EL BIZCOCHO DE CHOCOLATE
3 huevos
60 g de azúcar extrafino
1 pizca de sal
70 g de harina de fuerza o común
35 g de cacao amargo en polvo

PARA EL SEMIFRÍO
100 g de chocolate negro al 80 %
70 g de piel de naranja confitada
250 ml de nata para montar
300 g de ricotta de oveja
50 g de azúcar glas

PARA DECORAR
Virutas de chocolate elaboradas con 100 g de chocolate negro al 60 %

EQUIPAMIENTO NECESARIO

Molde redondo desmontable de 16 cm
Batidora amasadora equipada con unas varillas o unas varillas eléctricas y un bol
Colador
Espátula de silicona
Papel vegetal
Rejilla de enfriamiento
Cuchillo de sierra
Cuchillo de chef
Tabla de cortar
Robot de cocina
Jarra medidora
Boles grandes
Batidora de mano
Molde redondo desmontable de 18 cm
Film transparente
Hojas de acetato
Rasqueta para chocolate o espátula acodada

Para preparar el bizcocho, precaliente el horno a 180 °C/160 °C con ventilador y forre el molde con papel vegetal.

Casque los huevos en el bol de una amasadora equipada con las varillas, o en un bol con unas varillas eléctricas, añada el azúcar y una pizca de sal y bátalos hasta que la mezcla esté pálida y muy esponjosa, unos 10 minutos. Agregue la harina tamizada con el cacao en polvo e incorpórelos con suavidad con una espátula de silicona, procurando que no pierda aire.

Vierta la masa en el molde forrado y hornéela 35 minutos. Apague el horno y deje el bizcocho en su interior 5 minutos, con la puerta ligeramente entreabierta. Sáquelo del horno y deje que se enfríe ligeramente. Desmóldelo y colóquelo sobre una rejilla para que se enfríe por completo. Córtelo horizontalmente en tres capas iguales con un cuchillo de sierra.

Para preparar el semifrío, pique fino el chocolate. Triture la piel de naranja confitada en un robot de cocina hasta obtener una pasta. Vierta la nata en un bol y bátala con unas varillas eléctricas. En otro bol, triture la ricotta con el azúcar glas con una batidora de mano hasta que quede cremosa e incorpore la pasta de piel de naranja confitada, el chocolate picado fino y la nata montada.

Forre el molde con film transparente y coloque una capa de bizcocho en la base. Extienda un tercio de la mezcla de ricotta por encima y por los lados. Repita el proceso con el resto de las capas de bizcocho y la crema de ricotta, terminando con una capa de crema de ricotta.

Congele el semifrío 8 horas y desmóldelo. Retírele el film transparente y páselo a una fuente. Decórelo con las virutas de chocolate y deje que repose a temperatura ambiente durante 1 hora antes de servirlo.

POLOS DE CHOCOLATE BLANCO Y NEGRO

Stecco al cioccolato bianco e nero

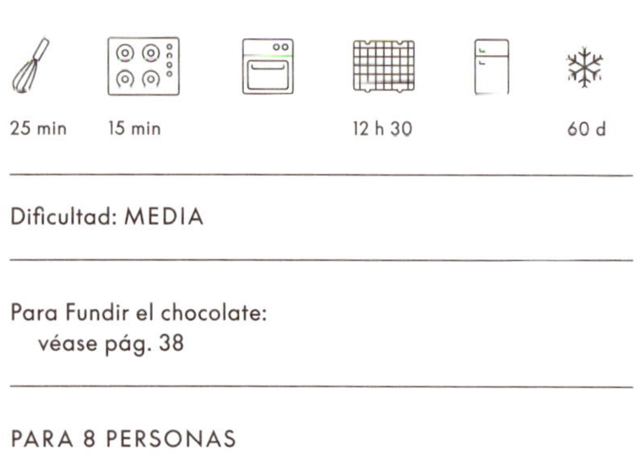

Dificultad: MEDIA

Para Fundir el chocolate:
véase pág. 38

PARA 8 PERSONAS

PARA LOS POLOS
150 g de chocolate blanco
300 ml de nata para montar
600 ml de leche entera
3 yemas de huevo
40 g (3 cdas. colmadas) de azúcar extrafino
300 g de chocolate negro al 70%

EQUIPAMIENTO NECESARIO
Cuchillo de chef
Tabla de cortar
Jarra medidora
Cazuelas
Baño maría
Varillas eléctricas
Espátula de silicona
Termómetro de cocina
Baño maría frío
Heladera
Moldes para polos
Palitos de helado

Pique fino el chocolate blanco. Vierta la nata y la leche en una cazuela y llévelas a ebullición. Ponga las yemas en un bol al baño maría, añada el azúcar y bátalas con unas varillas eléctricas hasta que estén pálidas y esponjosas. Vierta la leche y la nata calientes y cueza la crema inglesa al baño maría, removiéndola con una espátula de silicona hasta que espese lo suficiente para cubrir el dorso de una cuchara o hasta que la temperatura alcance los 85 °C.

Retírela del fuego, añada el chocolate blanco y remueva hasta que se funda. Pásela a un baño maría frío y enfríela rápido.

Para preparar el helado, bata la crema en la heladera siguiendo las instrucciones del fabricante. Llene los moldes para polos y congélelos 30 minutos; a continuación, introduzca los palitos de helado y congélelos 12 horas más.

Cuando se hayan solidificado, pique fino el chocolate negro y fúndalo al baño maría. Desmolde los polos, sumérjalos rápido de uno en uno en el chocolate fundido y sírvalos.

ERRORES MÁS HABITUALES Y CÓMO EVITARLOS
Para evitar que el helado se derrita, deje que el chocolate negro fundido repose 5 minutos, para que se enfríe un poco, antes de bañar los polos.

HELADO DE CHOCOLATE BLANCO CON NUECES Y CRUJIENTE DE HINOJO

Gelato al cioccolato bianco, noci e finocchio caramellato

Dificultad: MEDIA

PARA 8 PERSONAS

PARA EL HELADO
180 g de chocolate blanco
4 yemas de huevo
120 g de azúcar extrafino
750 ml de nata para montar
60 g de azúcar moreno
2 cdas. de semillas de hinojo
80 g de nueces rojas peladas

EQUIPAMIENTO NECESARIO
Cuchillo de chef
Tabla de cortar
Boles grandes
Baño maría
Varillas eléctricas
Jarra medidora
Cazuelas pequeñas
Espátula de silicona
Termómetro de cocina
Baño maría frío
Heladera
Bandeja de horno
Papel vegetal
8 vasos

Pique fino el chocolate y póngalo en un bol. Coloque las yemas en un bol al baño maría, añada el azúcar restante y bátalas con unas varillas eléctricas hasta que estén pálidas y esponjosas. Vierta la nata en una cazuela y llévela a ebullición. Agréguela al chocolate y remuévalo con una espátula de silicona hasta que se funda.

Vierta la crema de chocolate blanco en las yemas batidas y cueza la crema al baño maría, removiéndola con una espátula de silicona, hasta que espese lo suficiente para cubrir el dorso de una cuchara o hasta que la temperatura alcance los 85 °C.

Pásela a un baño maría frío y enfríela rápido.

Para preparar el helado, bata la crema en la heladera siguiendo las instrucciones del fabricante. Ponga el azúcar moreno en una cazuela, añada 1 cucharada de agua y cuézalo hasta obtener un caramelo dorado, girando la cazuela de vez en cuando hasta que el azúcar se disuelva por completo. Incorpore las semillas de hinojo y viértalo en una bandeja de horno forrada con papel vegetal. Extiéndalo en una capa fina y resérvelo para que se enfríe y se endurezca.

Machaque el crujiente de hinojo grueso y añada dos tercios cuando bata el helado los últimos minutos. Pique las nueces en trozos gruesos, repártalas entre los vasos y corone el conjunto con una bola de helado. Sírvalo con el resto del crujiente de hinojo machacado esparcido por encima.

SEMIFRÍO DE CHOCOLATE ROSA Y CIRUELAS ASADAS

Semifreddo di cioccolato ruby con prugne arrosto

    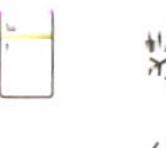 

30 min 5 min 40 min 9 h 10 60 d

Dificultad: MEDIA

Para la Pasta bomba de chocolate:
véase pág. 92
Para los Rizos de chocolate:
véase pág. 50 (variante)

PARA 8 PERSONAS

PARA LOS SEMIFRÍOS
500 g de ciruelas rojas
1 vaina de vainilla
30 g (1½ cdas.) de miel de acacia
1 ración de pasta bomba de chocolate elaborada con 240 g de chocolate rosa
200 ml de nata para montar

PARA DECORAR
Rizos de chocolate elaborados con 100 g de chocolate rosa

EQUIPAMIENTO NECESARIO
Bandeja de horno
Papel vegetal
Cuchillo puntilla
Tabla de cortar
Boles grandes
Robot de cocina
Termómetro de cocina
Jarra medidora
Varillas eléctricas
Espátula de silicona
8 ramequines altos de borde liso de 6 cm
Film transparente
Tabla de mármol
Cortapastas redondo pequeño

Precaliente el horno a 180 °C/160 °C con ventilador y forre la bandeja de horno con papel vegetal.

Lave las ciruelas y séquelas. Córtelas por la mitad, deshuéselas y corte cada mitad en dos cuñas. Corte la vaina de vainilla por la mitad a lo largo con una puntilla y raspe las semillas. Ponga las ciruelas en un bol con la miel y las semillas de vainilla. Remuévalo. Páselas a la bandeja de horno forrada y áselas 10 minutos.

Sáquelas del horno y reserve 8 cuñas. Vuelva a introducir el resto en el horno y áselas 30 minutos más. Deje que se enfríen y trocéelas ligeramente con un robot de cocina.

Prepare la pasta bomba como se indica en la técnica básica, sustituyendo el chocolate negro por chocolate rosa fundido a 42 °C.

Vierta la nata en un bol y bátala con unas varillas eléctricas. Incorpore la nata montada a la pasta bomba con una espátula de silicona y, a continuación, añada las ciruelas troceadas. Remuévalo con cuidado.

Forre los ramequines con film transparente, reparta la mezcla y congélela 8 horas.

Una hora antes de servir, desmolde los semifríos dándoles la vuelta directamente sobre unos platos pequeños. Retíreles el film transparente y refrigérelos durante 1 hora.

Decórelos con las cuñas de ciruela reservadas y los rizos de chocolate rosa. Déjelos reposar a temperatura ambiente 10 minutos antes de servir.

CONSEJOS Y TRUCOS
Para hacer rizos de chocolate grandes, la tableta de chocolate no debe estar ni demasiado fría ni demasiado caliente. Si está demasiado fría, caliéntela ligeramente entre las palmas de las manos; y, si está demasiado caliente, refrigérela unos minutos.

SEMIFRÍO DE ZABAIONE Y CHOCOLATE

Semifreddo zabaione e cioccolato

Dificultad: ALTA

PARA 8 PERSONAS

PARA EL SEMIFRÍO
3 yemas de huevo
1 pizca de sal
100 g de azúcar extrafino
50 ml (3 cdas.) de Vin Santo
100 ml de nata para montar
100 g de chocolate negro al 80%
1 clara de huevo

PARA LA SALSA DE CHOCOLATE
100 g de chocolate negro al 70%
100 ml de nata para montar
100 ml de leche entera

EQUIPAMIENTO NECESARIO
Baño maría
Varillas eléctricas
Jarra medidora
Boles grandes
Cuchillo de chef
Tabla de cortar
Termómetro de cocina
Espátula de silicona
Molde para pan de 23 × 8 cm
Film transparente
Cazuela pequeña

Ponga las yemas, una pizca de sal y 50 g del azúcar en un bol al baño maría. Bátalas con unas varillas eléctricas hasta que la mezcla esté pálida y esponjosa. Añada el vino y 25 ml (1 cucharada más 2 cucharaditas) de agua y remuévalo. Cueza el *zabaione* al baño maría, batiéndolo constantemente, hasta que esté espeso y esponjoso. Páselo a un bol y deje que se enfríe a temperatura ambiente. Vierta la nata en un bol, bátala con unas varillas eléctricas y refrigérela.

Pique fino el chocolate negro al 80% y fúndalo al baño maría. Añada el azúcar restante con 1 cucharada de agua y cuézalo hasta que esté a 110 °C.

Ponga la clara de huevo en un bol limpio y sin grasa y bátala con unas varillas eléctricas hasta que se formen picos suaves. Vierta despacio el jarabe de chocolate caliente en las claras montadas, batiéndolo constantemente. Siga batiendo el merengue hasta que se enfríe por completo.

Con una espátula de silicona, incorpórelo al *zabaione*, seguido de la nata montada. Forre el molde para pan con film transparente y vierta la mezcla. Congélelo 8 horas.

Justo antes de servirlo, prepare la salsa. Pique fino el chocolate y fúndalo al baño maría. Vierta la nata y la leche en una cazuela y llévelas a ebullición. Añádalas al chocolate fundido, en tres tandas iguales, removiéndolo. Desmolde el semifrío en una fuente y retire el film transparente. Deje que repose a temperatura ambiente 30 minutos y sírvalo con la salsa de chocolate caliente.

SEMIFRÍO DE CHOCOLATE CON LECHE Y NUECES DE MACADAMIA

Semifreddo di cioccolato al latte con noci macadamia

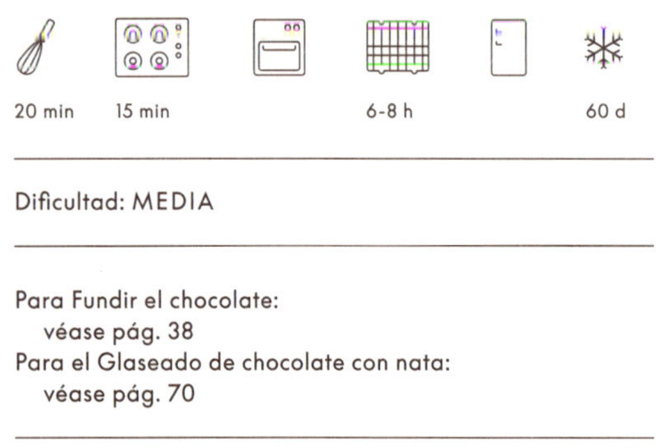

Dificultad: MEDIA

Para Fundir el chocolate:
véase pág. 38
Para el Glaseado de chocolate con nata:
véase pág. 70

PARA 8 PERSONAS

PARA EL SEMIFRÍO
300 g de chocolate con leche
3 huevos
2 yemas de huevo
60 g de azúcar glas
100 g de nueces de macadamia escaldadas
400 ml de nata para montar
½ ración de glaseado de chocolate con nata

EQUIPAMIENTO NECESARIO
Cuchillo de chef
Tabla de cortar
Baño maría
Bol refractario
Varillas eléctricas
Sartén de fondo grueso
Robot de cocina
Espátula de silicona
Jarra medidora
Bol grande
Molde para bizcocho amor polenta de 18 x 8 cm
Film transparente

Pique fino el chocolate y fúndalo al baño maría. Resérvelo. Ponga los huevos y las yemas adicionales en un bol refractario y añada el azúcar glas. Caliéntelo al baño maría y bátalo con unas varillas eléctricas hasta que la mezcla esté pálida y esponjosa.

Retírela del baño maría y siga batiéndola hasta que se enfríe por completo. Tueste las nueces en una sartén de fondo grueso a fuego lento hasta que se empiecen a dorar. Deje que se enfríen lo suficiente para manipularlas, corte 4 o 5 en láminas finas y resérvelas. Triture el resto en trozos gruesos en un robot de cocina.

Incorpore el chocolate fundido en la mezcla de huevos con una espátula de silicona. Ponga la nata en un bol, bátala con unas varillas eléctricas hasta que se formen picos suaves e incorpórela despacio junto con las nueces picadas.

Vierta la mezcla en el molde. Cúbralo con film transparente y refrigérelo de 6 a 8 horas. Para desmoldarlo, sumerja la base en agua hirviendo unos segundos y dele la vuelta directamente sobre una fuente. Cubra el semifrío con el glaseado de chocolate con nata y decórelo con las nueces reservadas.

BEBIDAS

CHOCOLATE CALIENTE CON COCO Y CANELA

Cioccolata al cocco e cannella

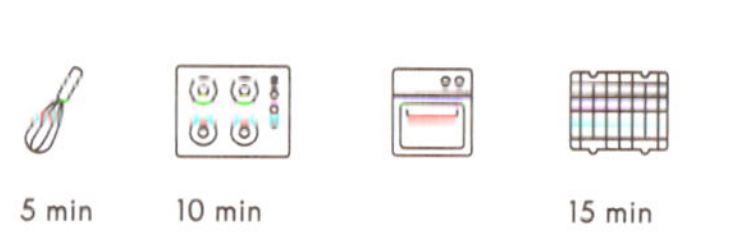

5 min 10 min 15 min

Dificultad: BAJA

PARA 4 PERSONAS

PARA EL CHOCOLATE CALIENTE
1 vaina de vainilla
200 ml de leche entera
50 g de cacao amargo en polvo
50 g de chocolate negro al 60%
200 ml de leche de coco
4 ramitas grandes de canela

EQUIPAMIENTO NECESARIO
Cuchillo puntilla
Jarra medidora
Cazuela
Colador de malla fina
Boles grandes
Cuchillo de chef
Tabla de cortar
Varillas manuales
Espátula de silicona
4 tazas

Corte la vaina de vainilla por la mitad a lo largo con una puntilla. Vierta la leche en una cazuela, añada las semillas de vainilla y llévela a ebullición. Apague el fuego y deje que infusione 15 minutos.

Tamice el cacao en polvo en un bol, pique fino el chocolate y colóquelo en otro bol. Retire la vaina de vainilla y vierta la leche sobre el cacao, removiéndolo constantemente con unas varillas manuales. Vuelva a poner la leche en la cazuela y llévela de nuevo a ebullición. Viértala sobre el chocolate y remueva la mezcla con una espátula de silicona hasta que el chocolate se funda. Vuelva a ponerla en la cazuela y añada la leche de coco. Llévelo a ebullición y sírvalo en las tazas con una ramita de canela en cada una.

CONSEJOS Y TRUCOS

Si el chocolate caliente no está fino, bátalo unos segundos con una batidora de mano y golpee el recipiente sobre una superficie de trabajo para eliminar las burbujas de aire.

BICERIN

Bicerin

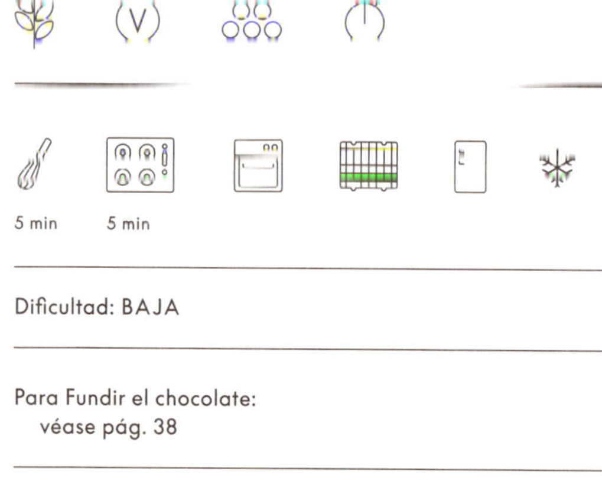

Dificultad: BAJA

Para Fundir el chocolate:
véase pág. 38

PARA 4 PERSONAS

100 g de chocolate negro al 60%
4 tazas pequeñas de café expreso hirviendo, endulzado al gusto
100 ml de leche entera
100 ml de nata para montar

EQUIPAMIENTO NECESARIO
Cuchillo de chef
Tabla de cortar
Baño maría
Espátula de silicona
Jarra medidora
Bol grande
Varillas eléctricas
4 vasos refractarios

Pique fino el chocolate y fundalo al baño maría. Añada el café y la leche hirviendo y remuévalo con una espátula de silicona.

Coloque la nata en un bol y bátala ligeramente con unas varillas eléctricas hasta que empiece a espesar. Vierta el chocolate caliente en los vasos, añada la nata montada y sírvalo.

CONSEJOS Y TRUCOS

Para asegurarse de que la nata no se hunde al añadirla encima del chocolate, deslícela con cuidado sobre el dorso de una cuchara colocada en el centro del vaso.

CHOCOLATE VIENÉS

Cioccolato viennese

   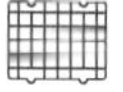 

10 min 10 min

Dificultad: BAJA

Para Fundir el chocolate:
véase pág. 38

PARA 4 PERSONAS

PARA EL CHOCOLATE CALIENTE
150 g de chocolate negro al 70%
800 ml de leche entera
200 ml de agua hirviendo
Azúcar, al gusto
150 ml de nata para montar
20 g (2 cdas.) de azúcar glas
Cacao amargo en polvo, para espolvorear

EQUIPAMIENTO NECESARIO
Cuchillo de chef
Tabla de cortar
Baño maría
Jarra medidora
Varillas manuales
Bol grande
Colador
Varillas eléctricas
Espátula de silicona
Manga pastelera
Boquilla de estrella de 1,5 cm
4 vasos refractarios

Pique fino el chocolate y fúndalo al baño maría. Añada la leche y el agua hirviendo y caliente la mezcla de chocolate 5 minutos, removiéndola constantemente con unas varillas manuales. Endúlcela al gusto y deje que se enfríe a temperatura ambiente.

Con unas varillas eléctricas, monte la nata con el azúcar glas. Añada el azúcar una vez que la nata esté parcialmente montada. Llene una manga pastelera provista de una boquilla de estrella. Recaliente el chocolate y sírvalo en vasos. Escudille la nata montada encima y espolvoréelo con el cacao en polvo.

VARIANTE
Si no le gusta el sabor intenso del chocolate negro, puede sustituirlo por chocolate con leche, blanco o rosa, omitiendo el azúcar.

LICOR DE CHOCOLATE

Liquore al cioccolato

 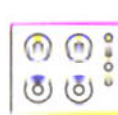  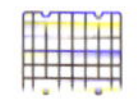 

10 min 5 min 45 d 6 meses

Dificultad: BAJA

PARA 1,5 LITROS

PARA EL LICOR
450 g de azúcar de caña
30 g de cacao amargo en polvo
250 g de chocolate negro al 70%
400 ml de aguardiente neutro

EQUIPAMIENTO NECESARIO
Cazuela
Colador
Jarra medidora
Varillas manuales
Cuchillo de chef
Tabla de cortar
3 botellas de ½ litro con cierre hermético, limpias y bien secas
Colador de malla fina

Ponga el azúcar en una cazuela, añada el cacao en polvo tamizado y vierta despacio 650 ml de agua, removiéndolo constantemente con unas varillas manuales. Cuézalo a fuego medio, removiéndolo a menudo, hasta que el azúcar se disuelva. Pique fino el chocolate. Retire la cazuela del fuego y añada el chocolate a la mezcla de cacao, removiéndolo hasta que se funda. Deje que se enfríe a temperatura ambiente.

Cuando se haya enfriado, vierta el aguardiente y remueva. Llene las botellas con el licor, tápelas y séllelas. Déjelas reposar en un lugar oscuro 2 semanas, agitándolas de vez en cuando.

Pase el licor por un colador de malla fina, rellene las botellas de nuevo y déjelas reposar un mes en un lugar fresco y oscuro antes de servirlas. Se conservarán en el frigorífico o en un armario 6 meses como máximo.

CHOCOLATE ROSA ESPESO

Cioccolata densa rosa

  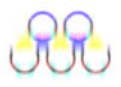 

10 min 15 min

Dificultad: BAJA

Para Fundir el chocolate:
véase pág. 38

PARA 4 PERSONAS

PARA EL CHOCOLATE CALIENTE
200 g de chocolate rosa
10 g de azúcar
18 g de almidón de arroz
500 ml de leche entera
Pimienta negra molida, para espolvorear (opcional)

EQUIPAMIENTO NECESARIO
Cuchillo de chef
Tabla de cortar
Baño maría
4 tazas
Bol grande
Jarra medidora
Cazuela
Varillas manuales

Pique fino el chocolate y fúndalo al baño maría. Sumerja el borde de las tazas en el chocolate fundido y agítelas para eliminar el exceso. Haga lo mismo con el azúcar y deje que cuaje.

Ponga el almidón de arroz en un bol y vierta 100 ml de la leche. Remuévalo e incorpore el resto de la leche con unas varillas manuales. Páselo a una cazuela y cuézalo 5 minutos.

Añada el resto del chocolate rosa fundido y cuézalo, removiéndolo constantemente con las varillas hasta que alcance la consistencia deseada.

Viértalo en las tazas y espolvoréelo con pimienta negra molida, si lo desea.

INFUSIÓN DE GRANOS DE CACAO Y SALVIA

Infuso di fave di cacao e salvia

Dificultad: BAJA

PARA 4 PERSONAS

PARA LA INFUSIÓN
5 hojas de salvia
3 cdtas. de azúcar de caña
6 granos de cacao

EQUIPAMIENTO NECESARIO
Jarra medidora
Cazuela
Jarra refractaria
4 vasos refractarios

Lleve una cazuela con 500 ml de agua a ebullición. Ponga las hojas de salvia en una jarra y añada el azúcar y los granos de cacao. Vierta el agua hirviendo y deje que infusione 10 minutos.

Retire la salvia, coloque un grano de cacao en cada vaso y sirva la infusión caliente o fría con hielo.

CHOCOLATE CON LECHE AL OPORTO

Cioccolata al latte al Porto

 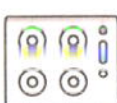 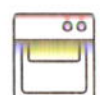  

5 min 5 min

Dificultad: BAJA

Para las Virutas finas de chocolate:
véase pág. 50

PARA 4 PERSONAS

PARA EL CHOCOLATE
100 g de chocolate con leche
500 ml de leche entera
60 ml de oporto ruby
Virutas finas de chocolate con leche, para decorar

EQUIPAMIENTO NECESARIO
Cuchillo de chef
Tabla de cortar
Bol grande
Jarra medidora
Cazuela
Varillas manuales
Jarra
4 copas refractarias

Pique fino el chocolate y colóquelo en un bol. Vierta la leche en una cazuela y llévela a ebullición. Retírela del fuego y viértala sobre el chocolate mientras lo remueve con unas varillas manuales hasta que se funda por completo.

Páselo a una jarra, añada el oporto y deje que se enfríe. Cuando lo vaya a servir, viértalo en las copas y decórelo con las virutas de chocolate.

ERRORES MÁS HABITUALES Y CÓMO EVITARLOS

Puede fundir el chocolate al baño maría antes de mezclarlo con la leche caliente. Sin embargo, debe prestar mucha atención a la temperatura del agua del baño maría. No debe llegar a hervir, ya que tanto el chocolate con leche como el chocolate blanco tienden a quemarse con mucha facilidad y habría que tirarlos.

CAFFÈ SHAKERATO CON CHOCOLATE Y VAINILLA – CAFÉ FRÍO ITALIANO

Caffè shakerato al cioccolato e vaniglia

       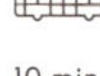 

10 min 10 min 10 min

Dificultad: BAJA

Para Fundir el chocolate:
véase pág. 38

PARA 4 PERSONAS

PARA EL CAFÉ FRÍO
50 g de chocolate blanco
1 vaina de vainilla
200 ml de leche entera
400 ml de café caliente
100 g de chocolate negro al 60%
Cubitos de hielo

EQUIPAMIENTO NECESARIO
Cuchillo de chef
Tabla de cortar
Baño maría
4 vasos altos
Cuchillo puntilla
Jarra medidora
Cazuela
Rallador de chocolate
Espátula de silicona
Coctelera

Pique fino el chocolate blanco y fúndalo al baño maría. Con una cucharilla, unte un poco del chocolate fundido en un lado de cada vaso, a modo de decoración. Colóquelos en el congelador 10 minutos para que el chocolate se endurezca.

Corte la vaina de vainilla por la mitad a lo largo con una puntilla. Vierta la leche en una cazuela, añada la vaina de vainilla y caliéntela a fuego lento. Agregue el café y ralle el chocolate negro.

Remuévalo despacio con una espátula de silicona hasta que el chocolate se funda. Páselo a una coctelera con 3 o 4 cubitos de hielo y agítelo.

Llene los vasos con el café con sabor a chocolate y sírvalos.

RECETAS BASE

PASTAFLORA CLÁSICA

Pasta frolla classica

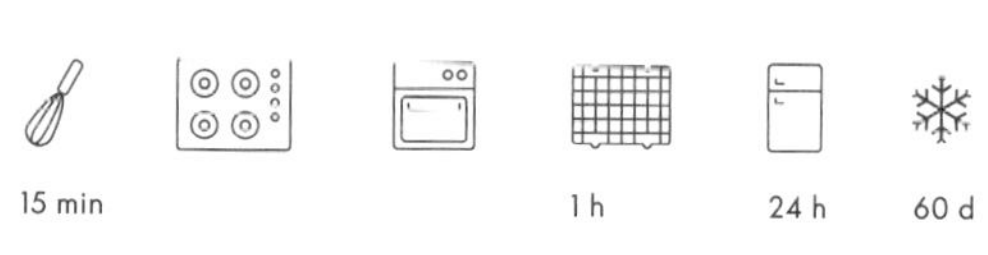

15 min 1 h 24 h 60 d

Dificultad: MEDIA

PARA LA MASA
300 g de harina de fuerza o común, y un poco más para espolvorear
150 g de mantequilla fría
80 g de azúcar extrafino
La ralladura de 1 limón (sin cera)
1 pizca de sal
1 huevo
2 yemas de huevo

EQUIPAMIENTO NECESARIO
Colador
Cuchillo de chef
Rallador
Film transparente

RECETAS EN LAS QUE SE EMPLEA
- Tarta de chocolate y guindillas (pág. 142)
- Pastel de chocolate negro y crema cocida (pág. 150)
- Tarta de chocolate blanco y frambuesas (pág. 164)

Tamice la harina sobre una superficie limpia y forme un volcán. Corte la mantequilla fría en dados pequeños y colóquela en su interior con el azúcar, la ralladura de limón y una pizca de sal.

Trabajando rápido para asegurarse de que los ingredientes no se calientan demasiado, frótelo todo con las yemas de los dedos. Incorpore gradualmente la harina a la mantequilla, desde el centro hacia fuera, hasta obtener una mezcla arenosa.

Frótela entre las palmas de las manos para deshacerla en migas finas. Cuando esté lista, vuelva a juntarla y forme un volcán. Añada el huevo y las dos yemas de huevo adicionales en su interior.

Con la punta de los dedos, mezcle todos los ingredientes y forme una bola con la masa, trabajando con rapidez y sin manipularla en exceso.

Aplástela ligeramente y envuélvala en film transparente. Refrigérela durante 1 hora como mínimo.

Si suele utilizarla bastante a menudo, multiplique los ingredientes para hacer más cantidad y dividirla en porciones. Envuélvalas de forma individual y congélelas en una bolsa para congelación.

Cuando la vaya a utilizar, estírela con un rodillo hasta que tenga un grosor de 2 o 3 mm sobre una superficie de trabajo ligeramente enharinada, levántela con cuidado y pásela al molde preparado. Presione con firmeza la base y los lados y recorte el exceso de masa que sobresalga por los lados con un cuchillo pequeño y afilado. Hornéela según las indicaciones de la receta.

VARIANTES
La pastaflora clásica tiene muchas variantes en función del porcentaje de mantequilla utilizado, del tipo y la cantidad de azúcar y de si sustituye parte de la harina por una harina de frutos secos. La masa quebrada azucarada se utiliza principalmente para la cocción en blanco. Se prepara con 250 g de harina, 100 g de mantequilla, 80 g de azúcar glas, 2 huevos y una pizca de sal. La pastaflora de chocolate, por su parte, se elabora con 250 g de harina, 140 g de mantequilla, 20 g (2 cucharadas colmadas) de cacao amargo en polvo tamizado, 80 g de azúcar extrafino, 1 huevo y 1 yema de huevo. La pastaflora de frutos secos lleva 250 g de harina, 100 g de harina de frutos secos (almendras, avellanas, pistachos o nueces), 100 g de azúcar glas, 140 g de mantequilla, 1 huevo y una pizca de sal.

MASA QUEBRADA

Pasta brisée

 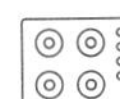  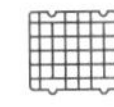 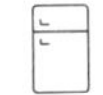 

10 min | 1 h | 24 h | 60 d

Dificultad: MEDIA

PARA LA MASA
200 g de harina de fuerza o común, y un poco más para espolvorear
30 g (2½ cdas.) de azúcar extrafino
1 pizca de sal
100 g de mantequilla fría

EQUIPAMIENTO NECESARIO
Colador
Cuchillo de chef
Rasqueta de panadero
Jarra medidora
Film transparente

Tamice la harina sobre una superficie limpia y forme un volcán. Añada el azúcar y una pizca de sal. Corte la mantequilla fría en dados pequeños y colóquela en su interior con el azúcar y la sal.

Trabajando rápido para asegurarse de que los ingredientes no se calientan demasiado, mézclelos con una rasqueta de panadero. Incorpore gradualmente la harina a la mantequilla, desde el centro hacia fuera, hasta obtener una mezcla arenosa.

Vuelva a juntarla, forme un volcán y añada 50 ml (3 cucharadas) de agua fría en su interior.

Con la punta de los dedos, mezcle todos los ingredientes y forme un bloque pequeño de grosor uniforme. De nuevo, trabaje rápido y no manipule la masa más de lo necesario para evitar que se caliente demasiado.

Envuélvala en film transparente y refrigérela 1 hora como mínimo.

Cuando la vaya a utilizar, estírela con un rodillo hasta que tenga un grosor de 2 o 3 mm sobre una superficie de trabajo ligeramente enharinada, levántela con cuidado y pásela al molde preparado. Presione con firmeza la base y los lados y pinche la base con un tenedor. Recorte el exceso de masa que sobresalga por los lados con un cuchillo pequeño y afilado. Hornéela según las indicaciones de la receta. Si lo prefiere, hornéela en blanco. Para ello, forre el molde con papel vegetal, ponga encima bolas de cerámica para horno e introdúzcalo en la parte inferior del horno precalentado a 180 °C/160 °C con ventilador de 15 a 20 minutos. Pasado ese tiempo, retire las bolas de cerámica y el papel vegetal y vuelva a introducirla en el horno de 10 a 15 minutos más o hasta que la masa se seque.

VARIANTE
Añádale huevo. En ese caso, mezcle 200 g de harina con 90 g de mantequilla, 1 huevo, 30 g (2½ cucharadas) de azúcar y una pizca de sal. Cuando haya forrado el molde con la masa, déjela reposar un mínimo de 10 minutos en el frigorífico antes de hornearla a 180 °C/160 °C con ventilador.

MASA DE CRUMBLE

Impasto per crumble

   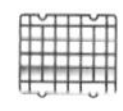 

10 min 24 h 60 d

Dificultad: BAJA

PARA LA MASA
160 g de mantequilla fría
250 g de harina de fuerza o común
50 g de azúcar turbinado (Demerara), y un poco más para espolvorear (opcional)
1 pizca de sal
La ralladura de ½ naranja o limón sin cera, o las semillas de 1 vaina de vainilla

EQUIPAMIENTO NECESARIO
Cuchillo de chef
Bol grande

Corte la mantequilla en dados pequeños y póngalos en un bol. Añada la harina junto con el azúcar y una pizca de sal.

Trabajando rápido para asegurarse de que los ingredientes no se calientan demasiado, frótelo todo con las yemas de los dedos. Incorpore gradualmente la harina a la mantequilla hasta obtener una mezcla arenosa.

Corte la fruta en trozos pequeños y espolvoréela con azúcar, si utiliza. Añada un aromatizante, como ralladura de cítricos o vainilla. Ponga la fruta en una fuente de horno grande o en moldes individuales.

Coloque encima la masa de *crumble*, cubriéndola por completo. Hornéela en un horno precalentado a 200 °C/180 °C con ventilador de 30 a 35 minutos o hasta que el *crumble* esté ligeramente dorado, la fruta esté blanda y los jugos burbujeen por los bordes.

ERRORES MÁS HABITUALES Y CÓMO EVITARLOS
Al igual que con otros tipos de masa, es muy importante evitar que la masa de *crumble* se caliente demasiado mientras la trabaja. Utilice siempre mantequilla fría cortada en dados pequeños y no la amase en exceso. Si utiliza mantequilla a punto de pomada o deja que se caliente demasiado, acabará obteniendo una masa lisa en lugar de arenosa. Si esto ocurre, envuélvala en film transparente y refrigérela durante 1 o 2 horas, o hasta que esté firme, y rállela directamente sobre la fruta con un rallador de agujeros grandes.

BIZCOCHO ITALIANO CLÁSICO

Pan di Spagna

 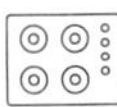   

20 min 40 min 20 min

Dificultad: BAJA

PARA EL BIZCOCHO
6 huevos
130 g de azúcar extrafino
Aromatizante (las semillas de 1 vaina de vainilla o la ralladura de ½ limón sin cera)
1 pizca de sal
150 g de harina de fuerza o común
30 g de fécula de patata

EQUIPAMIENTO NECESARIO
Molde redondo desmontable de 20 cm
Papel vegetal
Batidora amasadora equipada con unas varillas o unas varillas eléctricas y un bol
Bol grande
Colador
Espátula de silicona
Rejilla de enfriamiento
Film transparente

RECETAS EN LAS QUE SE EMPLEA
– Semifrío de ricotta con naranja y chocolate (pág. 282)

Precaliente el horno a 180 °C/160 °C con ventilador y forre el molde con papel vegetal, sin untarlo con mantequilla o añadirle harina.

Casque los huevos en el bol de una amasadora equipada con las varillas o con unas varillas eléctricas y un bol. Añada el azúcar, el aromatizante y una pizca de sal. A velocidad baja, empiece a batir la mezcla. Aumente gradualmente la velocidad y siga batiéndola 10 minutos hasta que esté a punto de cinta y caiga de las varillas de forma uniforme y fluida sin integrarse rápidamente con el resto de la mezcla.

Mezcle la harina y la fécula de patata en un bol y tamice un tercio directamente sobre la mezcla de huevo batido. Con una espátula de silicona, incorpore despacio la harina con un movimiento ascendente, procurando que no pierda aire.

Tamice el resto de la harina, en tres tandas iguales, e incorpórela despacio. Vierta la mezcla en el molde.

Hornee el bizcocho 40 minutos o hasta que se dore, haya subido y la capa superior esté firme (debería empezar a despegarse del molde y, al insertar una brocheta por el centro, salir limpia). No abra la puerta del horno hasta que termine el tiempo de cocción para evitar que se hunda por el centro. Deje que se enfríe 20 minutos antes de desmoldarlo. Si fuera necesario, pase una espátula de silicona alrededor del molde para desprenderlo. Páselo a una rejilla para que se enfríe por completo.

Se conservará en perfecto estado 72 horas si lo envuelve en film transparente y lo mantiene a temperatura ambiente. Como no lleva grasa, podría secarse.

Puede cortarlo en capas y rellenarlo. En ese caso, es mejor hornearlo la víspera, ya que será más fácil cortarlo al día siguiente. No lo corte mientras esté caliente y blando, ya que se desmenuzará.

ERRORES MÁS HABITUALES Y CÓMO EVITARLOS

Para batir los huevos perfectamente, deben estar a temperatura ambiente y no del frigorífico. Se pueden mezclar con el azúcar y batirlos despacio al baño maría sin que la temperatura supere los 40 °C. Páselos después a una amasadora y bátalos hasta que la mezcla esté pálida y caiga en forma de cintas. Este método también es aconsejable si solo se utiliza una batidora de mano.

BIZCOCHO DE SABOYA

Pasta biscuit

   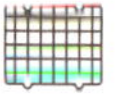  

15 min 7-10 min

Dificultad: BAJA

PARA EL BIZCOCHO
4 huevos
120 g de azúcar extrafino, y un poco más para espolvorear
1 pizca de sal
125 g de harina de fuerza o común

EQUIPAMIENTO NECESARIO
Bandeja de horno de 38 × 25 cm
Papel vegetal
Boles grandes
Varillas eléctricas
Espátula de silicona
Colador
Espátula acodada

RECETAS EN LAS QUE SE EMPLEA
– Carlota de chocolate con ron, plátano y coco (pág. 140)
– Pastel vertical de chocolate y pistachos (pág. 166)

Precaliente el horno a 220 °C/200 °C con ventilador y forre la bandeja con papel vegetal.

Separe las yemas de las claras y coloque las claras en un bol limpio y sin grasa. Añada la mitad del azúcar y una pizca de sal y bátalas con unas varillas eléctricas hasta que la mezcla forme picos suaves y el azúcar se disuelva por completo.

Agregue el azúcar restante y 1 cucharada de agua a las yemas en otro bol. Bátalas con las varillas hasta que la mezcla esté pálida y esponjosa. Incorpore una cuarta parte de las claras montadas despacio con una espátula de silicona.

Tamice toda la harina directamente encima e incorpórela despacio con la espátula. Añada el resto de las claras montadas e incorpórelas despacio hasta que estén completamente integradas.

Vierta la mezcla en la bandeja y extiéndala de manera uniforme con una espátula acodada. Hornee el bizcocho de 7 a 10 minutos hasta que esté ligeramente dorado, haya subido y esté firme al tacto o hasta que al insertar una brocheta por el centro salga limpia. Deje que se enfríe un poco en la bandeja y desmóldelo sobre una lámina de papel vegetal espolvoreada con azúcar.

CONSEJOS Y TRUCOS
Además de para preparar bizcochos enrollados con diferentes rellenos, se puede utilizar para elaborar una tarta de varias capas o para hacer una carlota. En ese caso, el bizcocho quedará más decorativo si escudilla la mezcla sobre una bandeja de horno forrada con una manga pastelera provista de una boquilla lisa de 1 cm y crea líneas oblicuas próximas entre sí. Horneélo de 8 a 10 minutos a 180 °C/160 °C con ventilador y córtelo para que quepa en el molde de la carlota.

PASTA CHOUX

Pasta choux per bignè

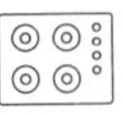

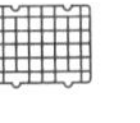

30 min 10 min 35 min 30 min 48 h

Dificultad: MEDIA

PARA LA PASTA CHOUX
115 g de mantequilla
1 pizca de sal
1 cdta. de azúcar extrafino
140 g de harina de fuerza o común
5 huevos

EQUIPAMIENTO NECESARIO
2 bandejas de horno
Papel vegetal
Jarra medidora
Cazuela
Espátula de silicona
Bol grande
Manga pastelera
Boquilla lisa de 1 cm

RECETAS EN LAS QUE SE EMPLEA
- Corona de profiteroles con crema y crujiente de avellanas (pág. 134)

Precaliente el horno a 200 °C/180 °C con ventilador y forre dos bandejas de horno con papel vegetal.

Vierta 240 ml de agua en una cazuela, añada la mantequilla, una pizca de sal y el azúcar y llévelo a ebullición a fuego lento. Retírelo del fuego, incorpore toda la harina y remueva la mezcla hasta que se integre. Póngala de nuevo a fuego muy lento y cuézala unos 5 minutos, removiéndola constantemente con una espátula de silicona.

Pásela a un bol y deje que se enfríe ligeramente. Añada los huevos, de uno en uno, removiéndolos con la espátula para que se incorporen. Deje que se enfríe por completo y llene una manga pastelera provista de una boquilla lisa. Escudille montoncitos de pasta *choux* del tamaño de un albaricoque y forme un anillo grande en cada una de las bandejas de horno forradas. Deje 1 cm entre cada montoncito.

Sumerja el dedo en agua fría y alise la superficie. Hornee las coronas 35 minutos. Apague el horno y déjelas reposar, con la puerta ligeramente entreabierta, otros 30 minutos.

CONSEJOS Y TRUCOS

Para rellenar las coronas, córtelas horizontalmente por la mitad con un cuchillo de sierra y añada el relleno con una cucharilla. Este método es el mejor para rellenos muy espesos, helados o fruta picada; si se trata de una crema, es más fácil utilizar una manga pastelera. Con una boquilla fina, haga un agujero pequeño en el fondo de cada profiterol y rellénelo con la crema.

MERENGUE ITALIANO

Meringa italiana

   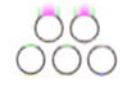 

20 min 10 min

Dificultad: ALTA

PARA EL MERENGUE
240 g de azúcar extrafino
3 claras de huevo

EQUIPAMIENTO NECESARIO
Cazuela pequeña
Jarra medidora
Varillas manuales
Termómetro de cocina
Batidora amasadora equipada con unas varillas o unas varillas eléctricas y un bol

Ponga 200 g del azúcar en una cazuela y vierta 50 ml (3 cucharadas) de agua. Caliéntelo a fuego lento hasta que se disuelva, removiéndolo despacio con unas varillas manuales. Cuando se haya disuelto por completo, suba el fuego a medio y llévelo a ebullición. Con un termómetro de cocina (digital, si puede ser), controle constantemente la temperatura del almíbar.

Cuando alcance los 110 °C, empiece a batir las claras. Póngalas en el bol de una amasadora con el azúcar restante. Es muy importante que el bol no tenga grasa y que las claras estén a temperatura ambiente y no contengan restos de yemas. Monte las claras a velocidad media hasta formar picos suaves.

En cuanto el almíbar alcance los 121 °C, retírelo del fuego y viértalo muy despacio sobre las claras montadas, batiéndolo constantemente. Siga batiendo la mezcla hasta que el merengue se haya enfriado. No vierta el almíbar sobre las varillas (se formarían hilos), sino por el borde del bol.

Aumente la velocidad de la amasadora para incorporar más aire al merengue y bátalo unos 10 minutos hasta que esté frío y forme picos firmes y brillantes.

RECOMENDACIONES
Este tipo de merengue se puede dorar con un soplete de cocina, utilizar para la preparación de cremas que no requieran una cocción suplementaria o como base para una crema de mantequilla. Aporta a los semifríos y las *mousses* de frutas un toque dulce y una textura ligera perfectos.

MERENGUE FRANCÉS

Meringa francese

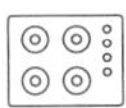  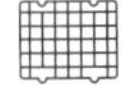  

15 min

Dificultad: BAJA

PARA EL MERENGUE
125 g de azúcar extrafino
125 g de azúcar glas
5 claras de huevo

EQUIPAMIENTO NECESARIO
Bol grande
Batidora amasadora equipada con unas varillas o unas varillas eléctricas y un bol

RECETAS EN LAS QUE SE EMPLEA
- Pavlova de chocolate (pág. 138)

Mezcle el azúcar extrafino con el azúcar glas en un bol. Ponga las claras en el bol de una amasadora equipada con unas varillas. Es muy importante que el bol no tenga grasa y que las claras estén a temperatura ambiente y no contengan restos de yemas.

Añada la mitad de la mezcla de azúcar a las claras y bátalas a velocidad media hasta que las varillas empiecen a dejar un trazo en la superficie.

Añada el azúcar restante, cucharada a cucharada, batiéndolo constantemente para incorporarlo. Continúe batiéndolo unos 10 minutos a velocidad máxima hasta obtener un merengue muy firme y brillante.

RECOMENDACIONES
Esta receta se utiliza para elaborar merengues clásicos y *pavlovas*. Para preparar el merengue de la *pavlova*, bata 1 cucharadita de zumo de limón con 25 g (2 cucharadas colmadas) de maicena cuando esté ya firme y brillante para que quede aún más firme y compacto.

CREMA PASTELERA

Crema pasticciera

 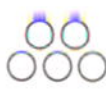 

 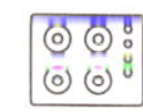 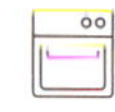  

10 min 7 min 48 h

Dificultad: BAJA

PARA LA CREMA
500 ml de leche entera
La piel de 1 limón sin cera o 1 vaina de vainilla
6 yemas de huevo
100 g de azúcar extrafino
80 g de harina de fuerza o común

EQUIPAMIENTO NECESARIO
Jarra medidora
Cazuelas
Cuchillo puntilla
Boles grandes
Varillas manuales o eléctricas
Colador
Espátula de silicona
Baño maría frío
Film transparente

Vierta la leche en una cazuela y añada la piel de limón o la vaina de vainilla abierta por la mitad. Caliéntela a fuego lento y llévela casi a punto de ebullición. Retírela del fuego y deje que se enfríe ligeramente.

Ponga las yemas y el azúcar en un bol. Con unas varillas manuales o eléctricas, bátalas hasta que estén pálidas y esponjosas. Añada la harina e incorpórela a la mezcla de yemas.

Pase la leche caliente por un colador sobre una cazuela limpia. Viértala despacio en el bol con la mezcla de yemas, batiéndola constantemente para evitar que se formen grumos.

Pase la crema pastelera por un colador sobre una cazuela limpia, llévela a ebullición a fuego lento y cuézala 5 minutos. Remuévala constantemente con una espátula de silicona hasta que espese.

Póngala en un baño maría frío para que se enfríe por completo. Cúbrala con film transparente, asegurándose de que el film toca la superficie, y utilícela de inmediato o resérvela en el frigorífico.

Se puede emplear para rellenar tartas, *brioches* y pastelitos. Se conservará en el frigorífico un plazo máximo de 3 días; si la enfría, remuévala antes de usarla.

CONSEJOS Y TRUCOS

La crema pastelera es una de las cremas base más utilizadas en pastelería. Además de con harina, se puede hacer con fécula de patata o maicena, que le conferirán un sabor más delicado. Si tiene intolerancia al gluten, utilice harina o almidón de arroz. Según la receta, se puede aromatizar con especias, cítricos, café o chocolate rallado.

CREMA INGLESA

Crema inglese

 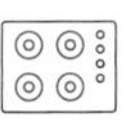    

15 min 10 min 48 h

Dificultad: MEDIA

PARA LA CREMA
500 ml de leche entera
1 vaina de vainilla
6 yemas de huevo
150 g de azúcar extrafino

EQUIPAMIENTO NECESARIO
Jarra medidora
Cazuelas
Cuchillo puntilla
Baño maría
Varillas manuales o eléctricas
Colador de malla fina
Espátula de silicona
Termómetro de cocina
Colador
Bol grande
Baño maría frío
Film transparente

RECETAS EN LAS QUE SE EMPLEA
- Bavarois de chocolate con leche y chocolate de Módica (pág. 250)

Vierta la leche en una cazuela y añada la vaina de vainilla abierta por la mitad. Caliéntela a fuego lento y llévela casi a punto de ebullición. Retírela del fuego y deje que se enfríe ligeramente.

Ponga las yemas y el azúcar en un bol al baño maría. Con unas varillas manuales, bátalas hasta que estén pálidas y esponjosas.

Pase la leche caliente por un colador de malla fina sobre una cazuela limpia. Viértala despacio en el bol con la mezcla de yemas, batiéndola constantemente para obtener una crema fina.

Caliéntela al baño maría, removiéndola constantemente con una espátula de silicona hasta que empiece a espesar. Compruebe atentamente la temperatura con un termómetro de cocina y cuézala hasta que cubra ligeramente el dorso de una cuchara. No deje que la temperatura supere los 82-85 °C.

Cuélela sobre un bol y póngala en un baño maría frío para que se enfríe rápido. Cúbrala con film transparente, asegurándose de que el film toca la superficie, y utilícela de inmediato o resérvela en el frigorífico.

Se puede aromatizar con especias, pieles de cítricos, café o chocolate fino picado, que deberá añadir al final de la cocción, cuando aún esté caliente.

La crema inglesa es una crema clásica que se sirve con muchos postres. Se puede utilizar como base para elaborar helados o mezclarse con nata montada y gelatina para hacer una *bavarois*.

ERRORES MÁS HABITUALES Y CÓMO EVITARLOS
La crema inglesa es muy delicada y precisa de un cuidado extremo durante la cocción. De hecho, la temperatura no debe exceder los 85 °C, porque a temperaturas más altas las yemas se solidificarán y la nata se cortará. Si tiene experiencia, puede cocinarla directamente al fuego y utilizar un termómetro de cocina (digital, si puede ser) para controlar la temperatura.

GLOSARIO

AGAR-AGAR
Espesante vegetal de sabor neutro derivado de un alga roja. Disponible en diversos formatos (en polvo, en tiras o en tabletas), su alto poder gelificante lo hace perfecto para la preparación de postres, helados, púdines, cremas, etc. Una cucharadita equivale a unas 8 hojas de gelatina y, por lo general, la proporción es de 1 cucharadita por 500 ml de líquido. Se debe disolver en agua o en otros líquidos hirviendo.

ATEMPERAR
Técnica que hace pasar el chocolate fundido por tres puntos de temperatura diferentes. Este proceso alinea las moléculas de cacao y de grasa del chocolate, aportándole brillo y cierta rigidez. Se utiliza en la elaboración de bombones y decoraciones.

BAÑAR
Técnica diseñada para recubrir un bombón o una pieza de chocolate de una capa fina de chocolate atemperado. Los bombones se sumergen después con cuidado en el chocolate atemperado y se escurre el exceso antes de dejarlos solidificar. También se baña la fruta deshidratada o confitada y los frutos secos, por ejemplo.

BAVAROIS
También llamada crema bávara, este postre de cuchara es muy similar a una *mousse*. De aspecto espumoso y ligero, lleva una base de crema inglesa con nata montada y gelatina. Se aromatiza con fruta, mermelada, chocolate, café o vainilla.

BICERIN
Bebida caliente típica de Turín a base de chocolate, café y nata. *Bicerin* significa «vaso pequeño» en dialecto piamontés.

BOLAS DE CERÁMICA PARA HORNEAR
Bolitas de cerámica o metal resistentes al calor que se utilizan para añadir peso a una masa cuando se cuece en blanco (sin rellenar) y evitar así que suba durante el horneado y se formen burbujas. La masa se forra con papel vegetal y las bolitas se colocan encima.

BOMBONES
Pequeña piezas de chocolate moldeadas y a menudo recubiertas de otra capa de chocolate.

«BONÈT»
Postre tradicional de la región del Piamonte a base de chocolate, ron y galletas amaretti, una especie de pudin suave y delicioso de chocolate y caramelo.

BUNDT CAKE
Bizcocho denso y húmedo que se hornea en un molde específico con forma de corona y un gran agujero en el centro que recibe el mismo nombre: *bundt*. El resultado es muy artístico. El nombre procede del alemán *bund*, que significa «reunirse».

CAFFÈ SHAKERATO
Bebida típicamente italiana que se prepara agitando un café expreso con hielo. Es perfecto para los calurosos días de verano.

CARAMELO
Este proceso consiste en fundir azúcar con un poco de agua, cocer el almíbar hasta que alcanza un color ámbar y utilizarlo para hacer formas decorativas y azúcar hilado o para recubrir frutos secos y a veces frutas. También se puede usar como base para una salsa de caramelo. Requiere mucha atención para evitar que el azúcar se queme o cristalice.

CARLOTA
Postre de cuchara de origen francés que presenta muchas variantes. Se elabora en un molde especial, redondo y cónico, forrado con bizcochos de soletilla o un bizcocho empapado en licor y relleno con una *mousse*, una crema o una compota de frutas.

CHOCOLATE DE MÓDICA
Tradicional de Sicilia, es un producto con una I.G.P. (Indicación Geográfica Protegida). Tradicionalmente, se elabora en frío, sin grasas añadidas, y los granos de cacao se muelen a mano, lo que le aporta una textura granulosa y le permite conservar todas sus propiedades.

COCER AL BAÑO MARÍA
Método de cocción que consiste en sumergir un recipiente que contiene una preparación dentro de otro más grande lleno de agua hirviendo. Se utiliza para elaborar salsas delicadas y, sobre todo, para calentar una preparación sin alterar su sabor y textura. Es perfecto para fundir y atemperar chocolate.

COCER EN BLANCO

Cuando una base de masa quebrada se cuece en el horno sin rellenar, se dice que se cuece en blanco. Al rellenarse, se convertirá en una tarta o una *quiche*. Se forra un molde con masa, se cubre la base con papel vegetal y se rellena con bolas de cerámica o metálicas especiales para horno para evitar que la masa suba en exceso durante la cocción y pierda su forma. También se pueden utilizar legumbres secas o sal gorda. Después de la cocción inicial, se saca el molde del horno, se retira el papel y las bolas de cerámica y se hornea de nuevo para que la masa se seque por el centro y adquiera un ligero color dorado.

CONFITAR

Este proceso, que puede ir precedido de una fase de cocción, según el tipo de fruta, consiste en sumergir varias veces una fruta en una solución azucarada para que absorba el azúcar. Su contenido de agua se sustituye progresivamente por azúcar, confiriéndole a la fruta confitada su textura, aroma y vida útil. Es habitual confitar la piel de los cítricos.

CREMA INGLESA

Crema ligera elaborada con azúcar, yemas de huevo, leche caliente y vainilla. Se puede utilizar como un ingrediente base o para acompañar otros postres.

CRÉMOR TÁRTARO

Agente leudante natural que se obtiene, generalmente, de la uva y el tamarindo. Esta sal potásica blanca es inodora e insípida. Se suele mezclar con bicarbonato para obtener levadura en polvo y se utiliza para leudar pasteles, magdalenas y galletas. Es muy popular en la cocina natural y vegana debido a su origen vegetal y a la ausencia de estabilizantes con ácidos grasos de origen animal. Las personas con intolerancias pueden emplearlo en vez de levadura fresca.

CUPCAKE

Los *cupcakes*, de origen estadounidense y parecidos a las magdalenas y los *muffins*, son unos bizcochos dulces que se hornean en un molde con cavidades similar al de los *muffins*. Normalmente se cubren de un glaseado, una pasta de azúcar o una crema de mantequilla y se adornan con cerezas confitadas, frutos secos, frutas deshidratadas o figuras más elaboradas de pasta de azúcar.

FÉCULA DE PATATA

Fécula extraída de las patatas que proporciona una harina blanca muy fina, ligera, insípida e inodora. Se utiliza, como la harina de trigo y la maicena, para espesar cremas o salsas, así como para preparar tartas y otros postres, haciéndolos suaves y ligeros.

FLOR DE SAL

La flor de sal es una forma pura de sal marina en escamas que añade sabor y textura tanto a los platos salados como a los dulces. Recogida de la superficie del agua del mar al evaporarse, destaca por su excelente sabor.

FROTAR

Acción de mezclar grasa y harina para obtener una mezcla arenosa. Se puede hacer en un robot de cocina o a mano, con un cortapastas o con la punta de los dedos. Se debe hacer lo más rápido posible para que la mantequilla no se caliente demasiado y se empiece a fundir.

FUNDIR

Derretir ingredientes, como la mantequilla o el chocolate, al baño maría, en el microondas o a fuego lento. Para que los ingredientes solo se fundan y no hiervan, es importante que la temperatura sea baja. La ebullición podría afectar a su sabor y textura.

GANACHE

Relleno o cubierta para todo tipo de tartas y bombones a base de chocolate y nata cocidos a fuego lento. La *ganache* fría se puede batir para obtener una textura más ligera y esponjosa.

GELATINA

Es el agente gelificante más común. Antes se obtenía del procesado de pescado, pero en la actualidad es también de origen animal. Fácil de conseguir, suele presentarse en forma de hojas finas y transparentes que pesan muy poco. Para utilizarla, se reblandece durante unos minutos en agua fría, se escurre, se estruja y se mezcla con la preparación que se desea espesar.

GIANDUJA

Mezcla suave de chocolate con avellanas, se comercializa en forma de bombones, tabletas o cremas para untar. La *gianduja*, o *gianduia*, es un chocolate con un 32 % de cacao como mínimo y pasta de avellanas que se creó en Turín a principios del siglo XIX. También pueden añadirse almendras y nueces picadas siempre que su peso, en combinación con la pasta de avellanas, no supere el 60 % del total.

GLASEADO

Del francés *glacer*, «congelar», el glaseado consiste en cubrir la superficie de los pasteles, las galletas u otros dulces con una capa brillante y azucarada. Se puede aromatizar con chocolate, cacao, caramelo, jarabes, licores y otros saborizantes o enriquecerse con otros ingredientes, como claras de huevo, y colorearse con colorantes alimentarios.

HOJA DE ACETATO
Lámina de plástico flexible y transparente que se emplea para trabajar el chocolate. Su flexibilidad permite moldearlo y darle forma, mientras que su superficie lisa hace que se desprenda fácilmente después de usarla.

INCORPORAR
El término «incorporar» se utiliza cuando un ingrediente sólido se mezcla con un líquido o semilíquido. Lo mejor es realizar este proceso en varias etapas para obtener una mezcla fina. Se mezclan cantidades pequeñas de cada ingrediente y solo se añade más de cada uno cuando las adiciones anteriores ya se han integrado.

MAICENA
Harina blanca y fina obtenida del maíz. Su función en pastelería es, principalmente, la de espesante, junto con la fécula de patata.

MANTEQUILLA A PUNTO DE POMADA
Mantequilla llevada a temperatura ambiente (unos 20 °C) y batida hasta que está pálida y blanda. Se utiliza en pasteles y tartas o se añade a ciertas masas, como la del *brioche*.

MERENGUE FRANCÉS
Es el merengue más fácil de hacer, pero el menos estable hasta que se hornea. El azúcar se incorpora poco a poco en las claras de huevo montadas, se da forma a la mezcla y se hornea. También se puede incorporar a las masas de algunos pasteles.

MERENGUE ITALIANO
Más estable que el merengue francés, se elabora batiendo un almíbar caliente y añadiéndolo poco a poco a unas claras de huevo montadas. No necesita hornearse y se utiliza a menudo como un glaseado, ya que mantiene bien la forma.

MONTAR O BATIR
Incorporar aire con un tenedor, unas varillas o una amasadora para que los ingredientes, como la nata y las claras de huevo, queden más espumosos y aumenten de volumen. Al montar las claras, empiece a velocidad baja y vaya aumentándola gradualmente para que alcancen su volumen máximo y formen una espuma estable.

MUFFINS
Los *muffins*, de origen británico, son bizcochos individuales y se diferencian de los *cupcakes* por contener una mayor proporción de líquido y leudar mediante la adición de levadura en polvo y/o bicarbonato.

TARTA DE QUESO
Las tartas de queso se suelen elaborar con queso crema (queso blanco para untar) y aromatizar con fruta, chocolate y vainilla. Tienen una base de galletas desmenuzadas o de bizcocho.

PASTA BOMBA
Base ligera pero de textura grasa que sirve de base para muchas cremas, *mousses* y semifríos. Se elabora batiendo yemas de huevo con un almíbar caliente o mezclando ambos ingredientes al baño maría a fuego lento.

PASTEL
Masa cocida en el horno que contiene un relleno dulce o salado. Tradicionalmente, se prepara con diferentes tipos de masa, como una pastaflora clásica, una masa quebrada o un hojaldre. Los rellenos dulces pueden ser muy variados: frutas, cremas, una *ganache* o incluso una *frangipane*.

SEMIFRÍO
Postre parcialmente congelado, por lo general un helado, aunque también puede referirse a postres parcialmente helados a base de yemas de huevo, azúcar y nata o también chocolate, frutas o frutos secos. Se suele hornear en un molde para pan.

SOPLETE DE COCINA
Utensilio provisto de una llama regulable que se usa para calentar diferentes tipos de superficies. En repostería, sirve para caramelizar superficies como, por ejemplo, el merengue, la crema pastelera y la *crème brûlée*. Existen sopletes profesionales, de gran potencia y llama regulable, pero también los hay de uso doméstico, más pequeños y con una intensidad de llama no regulable.

TAMIZAR
Los ingredientes secos, como la harina y el cacao, se pueden pasar por un colador de malla fina para eliminar grumos y airearlos. También se puede recurrir a un tamizador de harina.

TORTA CAPRESE
Tradicional pastel italiano sin harina procedente de la isla de Capri. Se elabora con chocolate y frutos secos (generalmente almendras, pero también avellanas, pistachos, etc.). Crujiente por fuera, pero húmedo y suave en su interior, no contiene gluten.

ÍNDICE

Los números de página en *cursiva* hacen referencia a las ilustraciones

ÍNDICE DE SÍMBOLOS DE LAS RECETAS

CINCO INGREDIENTES O MENOS

SIN GLUTEN

NOTAS SOBRE LAS RECETAS

La harina es de fuerza o común, a no ser que se indique otra cosa.

El azúcar es extrafino, a no ser que se indique otra cosa.

La mantequilla es sin sal, a no ser que se indique otra cosa.

La leche es entera, a no ser que se indique otra cosa.

La nata es nata para montar, a no ser que se indique otra cosa.

Los huevos serán de tamaño mediano y preferentemente ecológicos y/o de corral, a no ser que se indique otra cosa.

La gelatina son hojas de gelatina de platino, a no ser que se indique otra cosa.

El chocolate es negro y con un mínimo del 70 % de sólidos de cacao, a no ser que se indique otra cosa.

El pan rallado es fresco, a no ser que se indique otra cosa.

Se entiende que las frutas, como las manzanas y las peras, son de tamaño mediano, a no ser que se indique otra cosa, y se deben pelar y/o lavar, a no ser que se indique otra cosa.

Cuando se utilice la piel de un cítrico, utilice siempre fruta ecológica sin cera.

Los tiempos de preparación y cocción son solo orientativos, pudiendo variar en función del horno.

Si utiliza un horno de convección, siga las indicaciones del fabricante.

Tenga cuidado al preparar recetas que conlleven un cierto riesgo, incluido el uso de altas temperaturas, llamas directas, como el uso de un soplete, y procesos de fritura. Al freír, añada los alimentos poco a poco para que el aceite no salte, vista ropa de manga larga y no deje la sartén sola.

Cuando no se especifiquen cantidades, es el caso de las pieles de cítricos, las virutas de chocolate y las flores comestibles para terminar un plato, las cantidades serán siempre discrecionales y flexibles.

Las cucharadas serán rasas, a no ser que se indique otra cosa.
1 cdta. = 5 ml
1 cda. = 15 ml

En algunas recetas se utilizan huevos crudos o poco hechos. Los niños, ancianos, mujeres embarazadas, enfermos o las personas con deficiencias del sistema inmunitario deberían evitar tomarlos.

Phaidon Press Limited
2 Cooperage Yard
Londres E15 2QR

Phaidon Press Inc.
111 Broadway
Nueva York, NY 10006

phaidon.com

Las recetas de este libro se publicaron por primera vez
en 2021 con el título de *Il cucchiaio d'argento: Cioccolato*

Primera edición en español 2024

ISBN 978 1 83866 853 2

Directora editorial: Emilia Terragni
Editora de proyecto: Rachel Malig
Producción: Zuzana Cimalova y Adela Cory
Maquetación: Cantina
Diseño de portada: Julia Hasting
Diseño: Hans Stofregen

Responsable de la edición española: Baptiste Roque-Genest
Traducción del inglés: Elena Aranaz y Ángeles Llamazares
para Cillero & de Motta

Todas las fotografías son de Luca Colombo (Studio XL), excepto las de las páginas 117, 199, 227, 243 y 257, que son de Haarala Hamilton.

Impreso en China

La editorial desea agradecer a Vanessa Bird, James Brown, Liz Hamilton, Max Hamilton, Jo Ireson, João Mota, Pene Parker, Rosie Reynolds, Ellie Smith, Tracey Smith, Kathy Steer y Emilia Terragni su colaboración en este libro.